과학을 좋아하는 아이는 더 깊은 지식을 탐구할 수 있고, 과학을 싫어하는 아이도 과학의 재미에 쏙 빠져들게 하는 책이에요.
- 유가초등학교 박종하

몰랐던 과학 현상을 알게 되면 이 세상 모든 게 과학으로 보여요. 일상에서 과학의 눈을 뜨게 해 주는 신기한 책!
- 석수초등학교 정동호

생활 속 궁금한 과학 현상을 이야기로 풀어내어 유익합니다. 읽다 보면 웃으며 쉽게 과학 지식을 깨우칠 수 있어요.
- 호연초등학교 최미숙

아이들의 다양한 궁금증을 일상 속 상황별로 보여 줘요. 부담 없이 집어 들 수 있는 과학책이에요.
- 진천초등학교 김유진

어려운 과학 현상을 쉽게 설명하는 글과 재미있는 그림이 어우러진 흥미로운 과학책입니다.
- 황남초등학교 김현욱, 한샘초등학교 이태엽, 영천초등학교 허경희

쉽게 지나칠 수 있는 현상을 과학 지식으로 습득할 수 있어서 좋아요. 지식과 흥미를 모두 잡은 책!
- 성안초등학교 김순만

신비한 과학 현상을 찾아다니는 다섯 아이의 이야기가 무척 흥미롭고, 과학 공부에도 도움이 되는 책입니다.
- 능곡초등학교 윤재철

일상생활에서 겪는 단순한 경험도 과학적 사고로 탐구해 보는 습관을 길러 줍니다.

― 압량초등학교 *김유성*

지루한 설명 대신 짧은 이야기와 그림만으로 쏙쏙 이해시키는 신기한 과학책!

― 도원초등학교 *장왕준*

평소에 궁금했던 과학 현상의 비밀을 손쉽게 풀어 줘요.

― 화원초등학교 *백경민*

아이들의 시선에서 느낄 수 있는 신기한 현상을 과학적으로 설명하여 궁금증을 시원하게 해결해 줍니다.

― 한율초등학교 *조형국*

어려울 줄 알았는데, 쉽고 재미있게 눈에 들어오네요. 책 읽기를 싫어하는 아이도 부담 없이 볼 수 있어요.

― 양포초등학교 *김상섭*

관심 없이 지나친다면 모르고 넘어갈 일상의 경험을 과학 지식으로 바꾸어 주는 책이에요.

― 세천초등학교 *엄유정*

읽고 나면 나도 모르게 일상의 경험에서 과학적 원리를 생각하게 됩니다.

― 왕선초등학교 *문은진*

> 추천의 말

일상에서 과학을 발견하는 힘을 길러 주는 책!

 교실에서 과학을 가르치다 보면 학생들의 눈이 유난히 반짝일 때가 있습니다. 자신이 경험한 것을 과학적으로 설명할 수 있게 될 때입니다. 이를테면 이런 겁니다. 노을 진 붉은 하늘을 보며 아름답다 여기는 동시에 이 현상이 빛의 산란 때문에 일어나는 것임을 떠올리는 것이지요. 이런 경험은 과학하는 즐거움을 깨닫게 할 뿐만 아니라 앞으로 보게 될 하늘이 그 전과 다를 것이라는 걸 암시합니다. 그 학생에게 이제 일상은 온갖 신기한 과학 현상으로 가득 차 보일 테니까요.

 과학을 공부하는 가장 큰 이유는 '호기심'과 '즐거움'이라고 생각합니다. 내 주변을 둘러싼 것에 관한 호기심, 그리고 내가 알고 있는 과학 지식으로 궁금증을 해결한 그 순간에 느끼는 즐거움 말입니다. 어제와 다름없는 오늘이지만, 소소한 일상을 과학으로 설명할 수 있다면 세상을 보는 눈이 달라지고 새로운 발견과 발명의 가능성 또한 높아질 겁니다.

《신기한 과학 사전》은 여러분이 일상에서 과학을 발견하는 힘을 기르는 데 맞춤한 책입니다. 교과 지식을 알려 주는 것은 물론, 더 깊은 과학 지식에 다가가도록 북돋워 주지요. 거창하게 들릴지 모르겠지만, 하루하루를 호기심으로 살아내는 것만큼 인생에 중요한 것은 없답니다. 이 책을 읽으면서 일상을 날카롭게 관찰하고, 그로 인한 과학적 깨달음의 즐거움을 느끼길 바랍니다.

서울과학고등학교 교사 **안민기**

> 작가의 말

 신기한 현상이 가득한 세상

'새롭거나 신기한 것에 끌리는 마음.'

이 말을 들으면 무슨 낱말이 떠오르나요? 바로 '호기심'이에요. 만약에 세상에 매일 비슷한 일만 계속 반복된다면 얼마나 재미없겠어요? 하지만 자세히 들여다보면 세상에는 새롭고 신기한 일이 정말 많아요. 세상 어딘가에 숨어 있는 새로운 일, 신기한 일을 찾아 나서고 싶은 마음이 바로 호기심이에요.

'왜 그럴까?'

그 어떤 위대한 발견과 훌륭한 과학적 성취도 모두 이 작은 물음에서 시작하지요. 모든 사람이 '사과가 나무에서 떨어지는 게 당연하지.', '바람이야 뭐 늘 부는 거고, 태양이 날마다 뜨고 지는 게 어때서?'라고만 생각했다면 아마 아직 자동차도, 텔레비전도, 비행기도 만들어지지 않았을 거예요. '왜 물건을 떨어뜨리면 아래로 떨어질까? 바람이 왜 불지? 해와 달과 별은 왜 움직일까?' 같은 호기심이 바로 인류를 발전시켜 나간 힘이에요.

이 책에는 세상에 일어나는 신기한 현상을 찾아다니는 다섯 명의 친구가 나와요. 다섯 명의 친구가 찾은 신기한 현상을 보면 여러분도 '우아 정말?', '신기한데 나도 해 볼까?'라는 생각이 들 거예요. 여러분의 마음에서 그런 호기심이 꿈틀댔다면 이제 여러분의 차례예요. 그냥 지나쳐 버릴 일이라도 '왜?'라고 생각하며 관심 어린 눈으로 바라본다면 하나씩 보일 거예요. 찾았다면 여러분만의 '신기한 과학 사전'을 만들어 보세요. 생각보다 아주 재미있답니다.

2024년 신기한 현상 찾기의 재미에 푹 빠진 어느 날. **김대조**

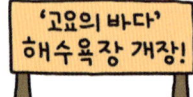

★차례★

추천의 말(서울과학고등학교 교사 안민기) • **4**
머리말 • **6**
프롤로그 • **12**
등장 인물 • **16**

1장 맛있는 것을 먹다가 발견한 신기한 과학 현상

1 라면 냄비에 넣어 둔 젓가락을 잡는 순간, 뜨거워서 놓치고 말았다 • **20**
2 주스를 얼려 먹으려고 냉동실에 넣었는데, 주스 병이 뚱뚱해졌다 • **22**
3 추운 날, 만두 가게 찜통에서 뿜어져 나오는 하얀 연기의 정체는? • **24**
4 얼음물에 코코아 가루를 넣었는데 아무리 저어도 안 녹는다 • **26**
5 수박은 과일 가게에서 파는데 과일이 아니라고 하는 사람이 있다 • **28**
6 과자 봉지 속에 과자만 가득하면 좋겠는데 공기가 빵빵하게 채워져 있다 • **30**
7 방문 틈 사이로 맛있는 냄새가 솔솔, 부엌에서 요리하는 냄새가 내 방까지 난다 • **32**

★보너스 퀴즈★ • **34**

2장 집에서 놀다가 발견한 신기한 과학 현상

8 다 닳은 줄 알았던 장난감 건전지, 두드리니 다시 불이 들어왔다 • **36**
9 말랑말랑 액체 괴물은 힘을 주면 뭉치는데 힘을 빼면 흘러내린다 • **38**
10 비눗방울은 빨대 구멍이 네모든, 세모든, 별이든 항상 동그란 모양으로 나온다 • **40**
11 LED 조명이 형광등보다 더 밝고, 전기세도 아껴 준다고 한다 • **42**
12 크리스마스트리의 전구는 중간에 하나가 고장 나도 다른 전구에는 불이 켜진다 • **44**
13 햇빛은 여름보다 겨울에 더 집 안 깊숙이 들어온다 • **46**

★보너스 퀴즈★ • **48**

3장 병원에 갔다가 발견한 신기한 과학 현상

14 날아오는 공에 맞아 코피가 났다. 그런데 피는 왜 빨간색일까? • **50**
15 뼈가 부러져 엑스선 촬영을 했는데, 몸속의 뼈가 다 보였다 • **52**
16 비타민 음료수나 알약을 먹으면 오줌 색깔이 더 노래진다 • **54**
17 통증을 느끼면 고통스럽지만, 생명 유지에 꼭 필요한 증상이라고 한다 • **56**
18 아플 때 먹는 알약, 먹기 불편하다고 함부로 잘라 먹으면 안 된다 • **58**
19 손톱을 깎다 보니 왠지 손톱이 발톱보다 더 빨리 자라는 것 같다 • **60**

★보너스 퀴즈★ • **62**

4장 하늘을 바라보다가 발견한 신기한 과학 현상

20 사람도 한가득, 짐도 한가득 실은 비행기가 하늘을 난다 • **64**
21 낮에는 하늘이 파란데, 노을이 질 때는 붉은색이다 • **66**
22 보름달을 자세히 보면 정말 토끼가 있는 것처럼 보인다 • **68**
23 밤하늘을 가만히 보고 있으면 가끔씩 별똥별이 떨어진다 • **70**
24 밤하늘에 보이는 별자리는 봄, 여름, 가을, 겨울에 따라 다르다 • **72**
25 분명히 밤인데도 해가 지지 않고 계속 떠 있는 지역이 있다는데 • **74**
26 인간이 보낸 우주선 중에서 가장 멀리 간 우주선은 무엇일까? • **76**

★보너스 퀴즈★ • **78**

5장 캠핑을 가서 발견한 신기한 과학 현상

27 캠핑장에서 고기를 구울 때, 숯불에 고기가 직접 닿은 것도 아닌데 금방 타 버린다 • **80**
28 모닥불을 피울 때 부채질을 하면 불이 더 활활 붙는다 • **82**
29 종이로 만든 냄비에 라면을 끓였는데, 냄비가 타지 않았다 • **84**
30 밤이 되면 불빛 주위로 벌레들이 모여든다 • **86**
31 산에서 밥을 지을 때는 냄비 뚜껑에 돌을 얹어 둔다 • **88**

★보너스 퀴즈★ • **90**

6장 바다에서 발견한 신기한 과학 현상

32 해수욕장에서 목이 마르다고 바닷물을 마시면 안 된다 • **92**
33 쇠로 만든 크고 무거운 배가 바다에 뜬다 • **94**
34 김, 미역, 다시마는 바다에 사는 식물인 줄 알았는데 아니란다 • **96**
35 바다에서 수영을 하면 수영장에서보다 몸이 더 잘 뜬다 • **98**
36 우리는 물속에서 숨을 못 쉬는데 물고기는 잘도 쉰다 • **100**
37 바다에는 밀물과 썰물이 반복되며 갯벌이 나타났다 사라진다 • **102**
38 바다를 보면 지구에는 물이 많은 것 같은데 계속 물을 아껴야 한단다 • **104**

★보너스 퀴즈★ • **106**

7장 시골 할머니 댁에서 발견한 신기한 과학 현상

39 이른 아침에 풀밭에 가면 풀잎마다 물방울이 맺혀 있다 • **108**
40 연못 위에 둥둥 떠 있는 개구리밥, 개구리는 정말 개구리밥을 먹을까? • **110**
41 도시 매미가 시골 매미보다 유독 시끄럽게 우는 것 같다 • **112**
42 새가 날아갈 때는 조용한데, 모기나 벌이 날 때는 왱왱거리는 소리가 난다 • **114**
43 벌집 모양을 자세히 보면 모두 육각형이다 • **116**
44 나무는 한 곳에서 오래 산다. 세상에서 가장 나이가 많은 나무는 무엇일까? • **118**

★보너스 퀴즈★ • **120**

8장 일기 예보를 보다가 발견한 신기한 과학 현상

45 햇볕이 쨍쨍한 날, 검은색 옷을 입으면 더 더운 것 같다 • **122**
46 겨울도 아닌데 하늘에서 얼음덩어리가 떨어진다 • **124**
47 우리나라는 여름과 가을에 태풍 피해를 많이 입는다. 태풍은 왜 생길까? • **126**
48 물이라고는 없을 것 같은 사막에도 비는 온다 • **128**
49 눈 오는 날 하얀 가루를 길에 뿌리니 눈이 금방 녹는다 • **130**
50 산성비를 맞으면 머리가 빠진다는 게 사실일까? • **132**

★보너스 퀴즈★ • **134**

9장 영화나 공연을 보다가 발견한 신기한 과학 현상

51 공연장의 천장과 벽은 울퉁불퉁 모양이 특이하다 • **136**

52 스파이더맨은 가늘고 약한 거미줄을 타고 날아다닌다 • **138**

53 영화에 나오는 귀신은 하나같이 그림자가 없던데…! • **140**

54 영화를 보면 사람들이 화성에서 살 수 있을 것 같다. 정말 그럴 수 있을까? • **142**

55 세상에서 가장 높은 화산은 어디에 있을까? • **144**

★보너스 퀴즈★ • **146**

10장 학교에서 발견한 신기한 과학 현상

56 미술 시간, 검정 물감은 쓰지도 않았는데 물통의 물이 점점 검은색으로 바뀐다 • **148**

57 체육 시간, 달리기를 하는데 결승점에서 딱 멈추지 못하고 더 달려 버렸다 • **150**

58 교실마다 있는 소화기에도 종류가 있다 • **152**

59 어린이 보호 구역 안전 표지판에는 자동차의 현재 속도가 나타난다 • **154**

60 교실을 꾸미려고 불어 둔 풍선, 아무리 단단히 묶어도 며칠 지나면 바람이 빠져 있다 • **156**

61 공부 시간이 따분하면 하품이 나온다 • **158**

62 애국가 3절에서는 가을 하늘이 높다고 한다 • **160**

★보너스 퀴즈★ • **162**

초등 교과 연계표 • **163**

프롤로그

신기한 현상은 어디에나 존재한다.

하지만, 그것은 아무에게나 보이지 않는다.
세상에 일어나는 일에 관심을 갖는 자에게만 보일뿐…….

일상에서 과학 현상을 발견하고 미래의 과학자를 꿈꾸는 아이들. 〈신기한 과학 현상 클럽〉에서 활동하는 이들은 누굴까?

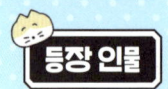
등장 인물

이름 : **아인**
별명 : **아인슈타인**

〈신기한 과학 현상 클럽〉을 만든 아이.
좀 엉뚱해 보이지만, 주변에서 신기한
과학 현상을 찾으면 끝까지 비밀을 밝혀
내고야 마는 엄청난 집중력의 소유자.

★ 물리와 천문학을 특히 좋아함.

이름 : **마리**
별명 : **마리 퀴리**

부드럽고 착해 보여도 신기한 과학 현상을
보는 눈은 매우 날카로운 아이.
까칠한 것 같아도 틀린 말은 하지 않음.

★ 화학과 물리를 특히 좋아함.

이름 : **다윈**
별명 : **찰스 다윈**

동물과 식물을 좋아하는 착한 성격의
아이. 처음 보는 강아지나 고양이도
친구가 되는 묘한 능력을 지녔음.

★ 생명과학을 특히 좋아함.

이름 : 레오
별명 : 갈릴레오

〈신기한 과학 현상 클럽〉에서도
손꼽히는 똑똑이. 이 세상의 과학 지식을
머릿속에 싹 담아 버리겠다는
의지가 대단함.

★ 지구과학과 물리를 특히 좋아함.

이름 : 앙리
별명 : 앙리 파브르

곤충이나 벌레를 끔찍이도 귀여워하는
아이. 곤충과 대화도 가능하다며
항상 벌레와 말을 하려고 함.

★ 생물을 특히 좋아함.

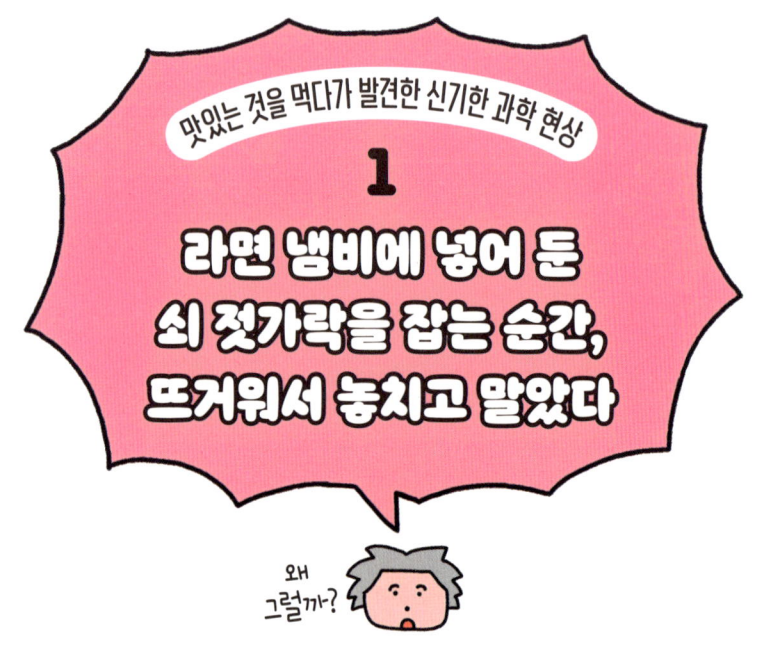

열의 전도 현상

  열은 온도가 높은 곳에서 낮은 곳으로 이동해요. 만약 열이 이동하지 않는다면 이 세상에 뜨거운 것과 차가운 것은 늘 그대로여야 할 거예요. 라면 냄비에 있던 젓가락이 뜨거워진 이유는, 온도가 높은 라면 국물에서 온도가 낮은 젓가락 쪽으로 열이 이동했기 때문이에요. 뜨거운 국물을 먹을 때 숟가락이 뜨거운 것도 마찬가지 원리예요. 이처럼 물체 사이(라면 국물과 쇠 젓가락)의 직접적인 접촉을 통해 열이 이동하는 현상을 **전도**라고 해요.

 **아인의 발견**

열이 전도되는 정도는 고체 물질의 종류에 따라 달라. 구리, 알루미늄, 철 같은 금속 물질은 전도가 잘 되지만, 유리나 나무는 그렇지 않지. 그래서 냄비 손잡이에는 열이 잘 전도되지 않는 나무나 플라스틱을 사용하는 거야. 뜨거운 음식이 담긴 냄비를 놓치면 안 되니까!

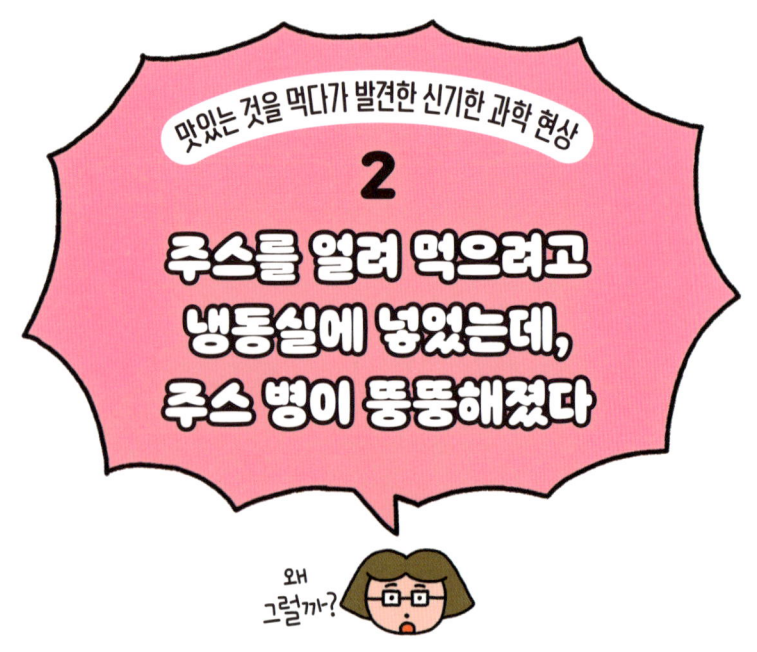

맛있는 것을 먹다가 발견한 신기한 과학 현상

2

주스를 얼려 먹으려고 냉동실에 넣었는데, 주스 병이 뚱뚱해졌다

왜 그럴까?

물의 부피 변화

물의 상태는 온도에 따라 기체, 액체, 고체로 변해요. 물이 0℃ 아래로 내려가면 고체인 얼음이 돼요. 이렇게 액체가 고체로 변하는 현상을 **응고**라고 해요. 그런데 물은 응고할 때 부피가 늘어나는 성질이 있어요. 주스가 얼면 병이 뚱뚱해지는 것도, 추운 겨울날 수도관이 얼어서 터지는 현상도 모두 물이 얼면서 부피가 늘어났기 때문이에요. 하지만 부피가 늘어나도 무게는 변하지 않아요.

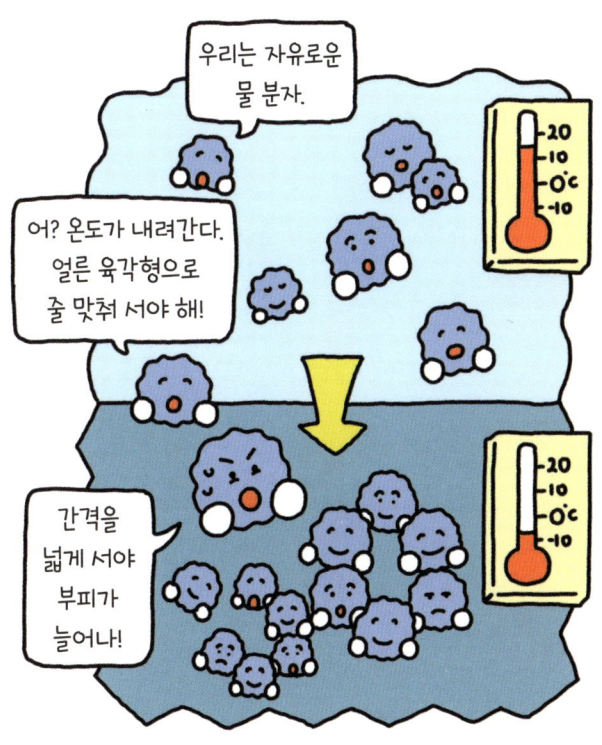

물은 0°C 아래로 내려가면 얼기 시작해. 이때 부피가 늘어나는데, 옛날 사람들은 이 원리로 큰 바위를 깨뜨렸대. 겨울에 바위에 구멍을 내어 물을 부어 놓으면 물이 얼면서 커다란 바위가 쩍 갈라졌다고 해.

수증기와 김

만두 찜통에 든 물이 끓으면 물의 분자 운동이 활발해지면서 기체 상태인 **수증기**로 바뀌어요. 물이 수증기가 되어 공기 중으로 흩어지는 거지요. 이런 현상을 **증발**이라고 해요. 찜통 밖으로 나온 뜨거운 수증기는 바깥의 차가운 공기와 만나 작은 물방울로 뭉치는데, 이것이 우리 눈에 보이는 **김**이랍니다. 그러니까 수증기는 우리 눈에 보이지 않는 기체이고, 김은 액체예요. 과학적으로 따지면 김과 수증기는 엄연히 달라요.

레오의 발견

물이 뜨거워지면 물 분자의 움직임이 활발해지면서 공기 중으로 떨어져 나가는데, 이것이 수증기야. 이때 수증기가 바깥의 차가운 공기와 만나면 작은 물방울로 뭉쳐져 하얗게 보여. 그게 바로 김이야.

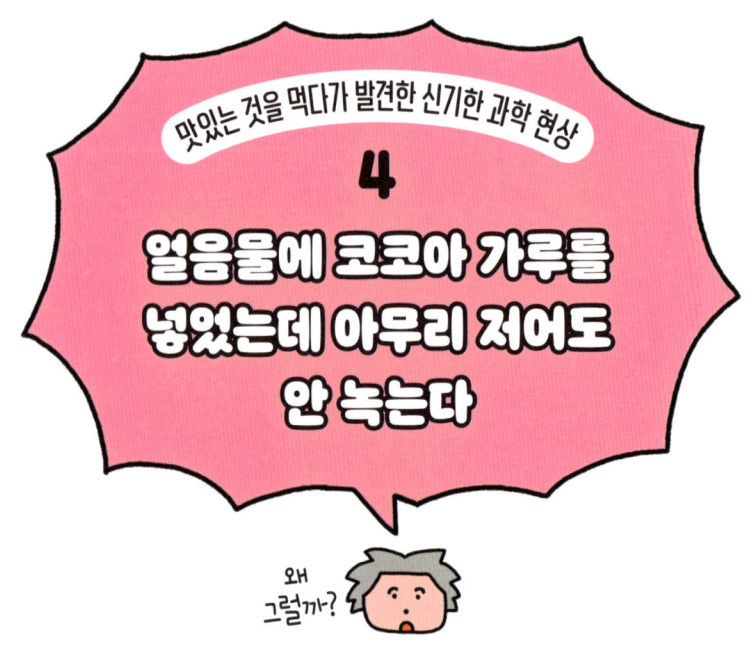

용해와 용해도

 한 물질이 다른 물질에 녹아 섞이는 현상을 **용해**라고 해요. 물질이 얼마나 잘 녹는지를 나타내는 말을 **용해도**라고 하고요. 코코아 가루와 같은 대부분의 고체 물질은 온도에 따라 용해도가 달라져요. 온도가 낮은 차가운 물에서는 어떤 것도 잘 녹지 않아요. 반대로 뜨거운 물에서는 무엇이든 잘 녹아요. 온도 외에 용해도에 영향을 주는 요인에는 물의 양, 알갱이의 크기, 젓는 속도 등이 있어요.

 **아인의 발견**

코코아 가루는 고체니까 고체의 용해도를 높이려면 물의 온도를 높여야겠구나. 아이스 초코를 마시려면 먼저 뜨거운 물에 코코아 가루를 넣고, 잘 녹인 뒤에 얼음을 넣으면 되겠어.

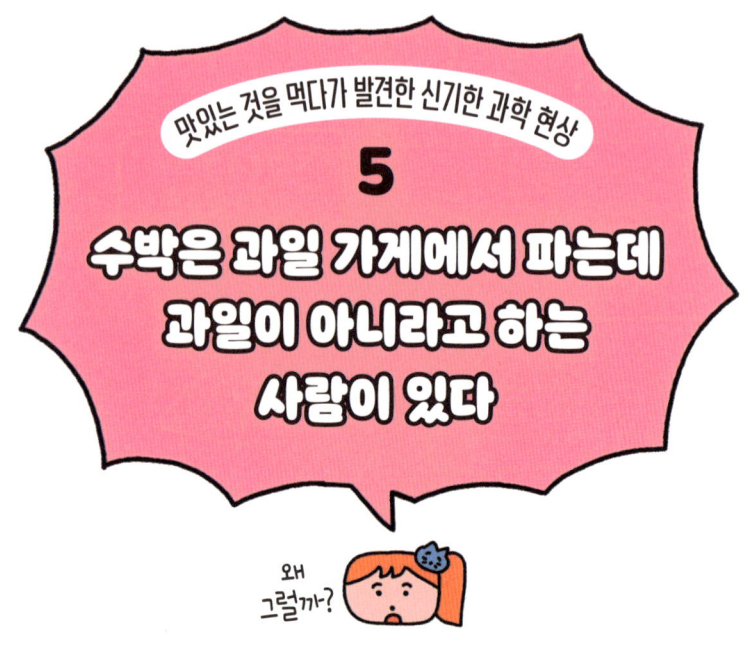

과일과 채소의 구분

과일과 채소의 구분은 나라나 학문 분야에 따라 조금씩 달라요. 본격적으로 생물을 분류하기 전에는 사람이나 동물이 먹을 수 있고, 단맛이 나는 열매를 뭉뚱그려 '과일'이라고 했어요. 이후에 식물 학자들이 조금 더 세세하게 파고들면서 나무에서 나는 식용 가능한 열매는 과일, 풀에서 나는 식용 가능한 열매는 채소로 구분했어요. 이 기준에 따르면 수박은 일년생 풀에서 나는 것이므로 채소예요.

 다위의 발견

사과, 배, 귤, 복숭아는 다년생 나무에서 자라니까 과일이고,
일년생 풀에서 나는 참외나 딸기, 수박, 토마토는 채소네!

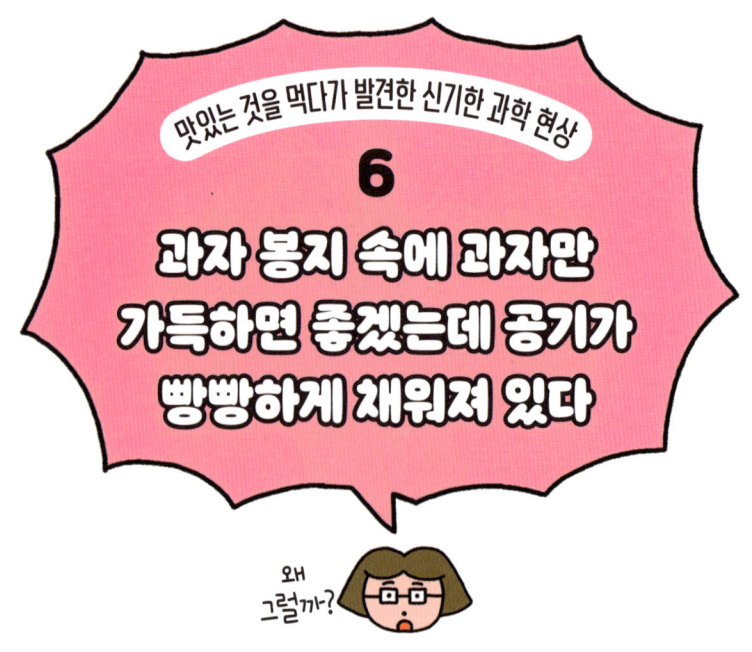

맛있는 것을 먹다가 발견한 신기한 과학 현상

6

과자 봉지 속에 과자만 가득하면 좋겠는데 공기가 빵빵하게 채워져 있다

왜 그럴까?

질소의 특성

공기 중에는 여러 가지 기체가 섞여 있어요. 그중에서 질소가 약 78퍼센트 정도이고, 숨 쉴 때 필요한 산소는 약 21퍼센트예요. 나머지는 이산화탄소, 헬륨, 네온, 아르곤 등이 차지하고 있지요. 과자 봉지를 채운 기체는 '질소'예요. 질소를 빵빵하게 넣어 과자가 부서지는 것을 막는 거지요. 그런데 왜 질소냐고요? 질소는 음식물의 변질을 막아 주거든요. 산소는 음식물과 만나면 세균을 번식시켜 내용물이 쉽게 상할 수 있어요.

 마리의 발견

질소는 지구에 가장 많이 존재하는 기체야. 색, 맛, 냄새가 없어 식품 보관, 반도체 산업, 의료 분야 등 많은 곳에서 사용한대. 특히 액체 상태의 질소는 영하 196℃까지 내려가서 급속 냉동을 시킬 때도 사용해.

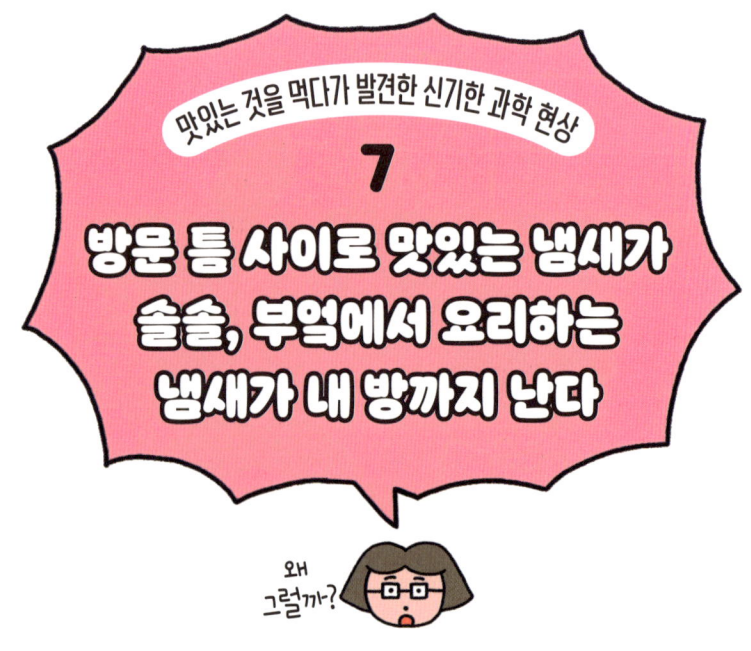

기체의 확산

 기체는 우리 눈에는 안 보이지만 아주 작은 입자로 이루어져 있어요. 그런데 기체 입자는 서로 떨어져서 아주 활발하게 움직이며 골고루 퍼지려는 성질이 있어요. 특정한 냄새가 있는 기체 입자 역시 스스로 활발히 움직이며 최대한 멀리 흩어지려고 하는데, 이런 현상을 **확산**이라고 해요. 부엌에서 나는 맛있는 냄새는 이런 기체 입자가 확산해 내 방문 틈새로 들어와 코의 후각 세포를 자극하면서 생기는 현상이죠.

 마리의 발견

기체는 아주 작은 입자로 이루어져 있고, 입자는 활발히 움직여 흩어지려는 성질이 있대. 음식 냄새가 퍼지는 원리, 방귀 냄새가 퍼지는 원리, 꽃향기가 멀리 전해지는 이유는 기체의 확산 현상 때문이야.

다음 현상은 무엇과 관련된 것인지 맞혀 보자!

Q1
라면을 먹으려는데 그릇에 꽂아 둔 젓가락이 뜨겁다.

- ❶ 전도
- ❷ 대류
- ❸ 수증기
- ❹ 용해도

Q2
차가운 물에는 아이스티나 코코아 가루가 잘 녹지 않는다.

- ❶ 끓는점
- ❷ 액체
- ❸ 용해도
- ❹ 질소

A1
❶ 전도
고체 물질의 한쪽 끝이 이동하는 것을 전도라고 해요. 젓가락의 한쪽 끝을 뜨거운 국물에 담그면 열이 젓가락을 따라 이동하기 때문에 젓가락이 뜨거워지는 거예요.

A2
❸ 용해도
물질이 다른 물질에 얼마나 녹는지를 나타내는 정도를 용해도라고 해요. 설탕, 소금, 아이스티, 코코아 가루 등의 물질은 차가운 물에 녹는 양이 많지 않아요. 온도가 낮을수록 용해도가 낮기 때문이에요.

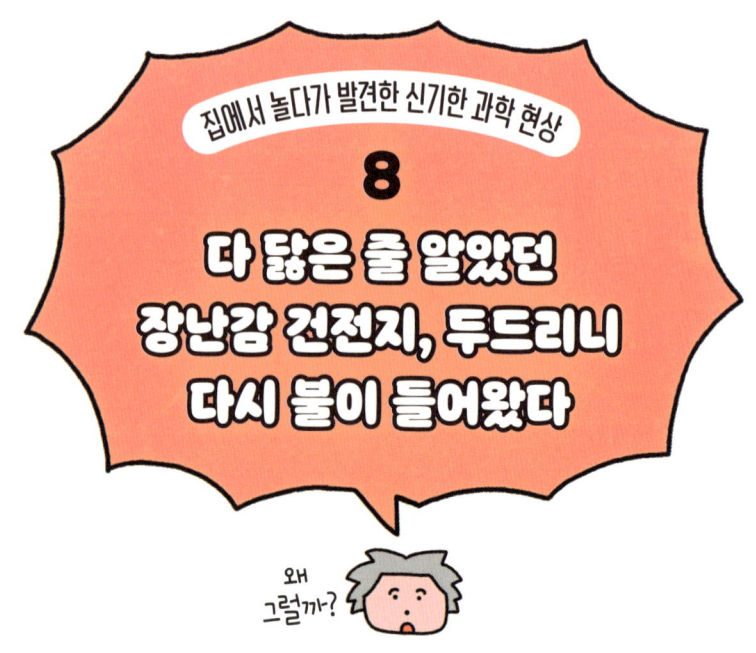

건전지의 방전

전지에는 재사용이 안 되는 1차 전지와 충전해서 다시 쓸 수 있는 2차 전지가 있어요. 일상생활에서 주로 사용하는 건전지는 1차 전지예요. 1차 전지는 사용하지 않아도 오래 방치하면 전기가 밖으로 흘러나와(방전) 더 이상 쓸 수 없어요. 하지만 다 쓴 건전지도 두드리면 남아 있던 에너지들이 움직이면서 잠깐 동안은 더 사용할 수 있답니다. 다 쓴 것 같은 치약도 힘껏 짜면 조금이라도 나오는 것처럼요.

 아인의 발견

건전지는 쓰지 않고 가만히 놔둬도 방전이 일어나. 그래서 건전지를 살 때는 꼭 '사용 권장 기한'을 확인해야 해. 또 건전지 속에는 수은, 망간, 카드뮴 등 해로운 물질이 많아서 다 쓴 건전지는 반드시 폐건전지 수거함에 버려야 해.

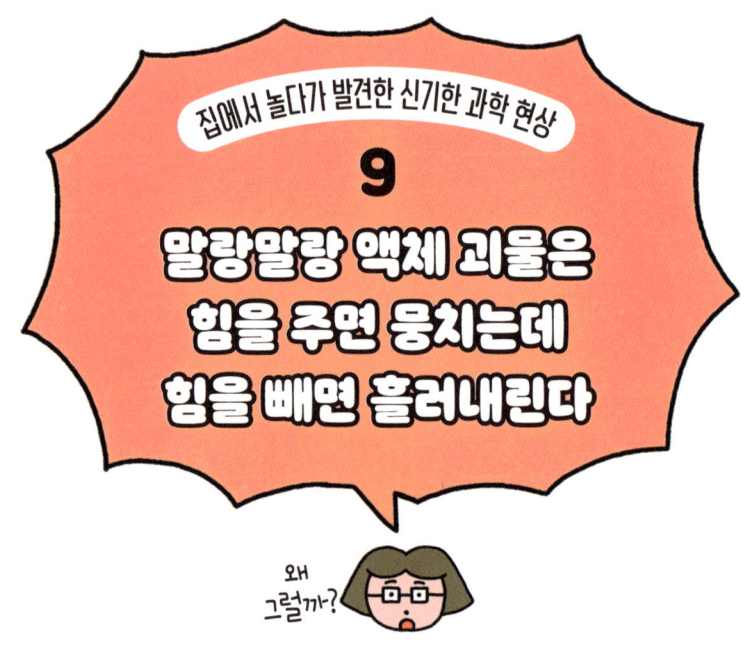

점탄성

 액체는 힘을 가했을 때 끈끈해지는 **점성**이 있고, 고체는 힘을 가했을 때 원래 모양으로 되돌아가려는 **탄성**이 있어요. 액체의 점성과 고체의 탄성을 합쳐서 **점탄성**이라고 하는데, 이 점탄성을 가진 물질이 있어요. 바로, '슬라임'이라고도 불리는 '액체 괴물'이에요. 액체 괴물을 만져 본 적이 한 번쯤은 있지요? 액체 괴물을 손에 올려놓고, 힘을 주면 뭉쳐지잖아요. 하지만 손을 펴 힘을 주지 않으면 액체처럼 흘러내려요.

액체의 성질인 점성과 고체의 성질인 탄성을 합쳐서 점탄성이라고 하는구나. 그러니까 액체 괴물은 액체와 고체의 성질을 모두 갖는 물질인 셈이네.

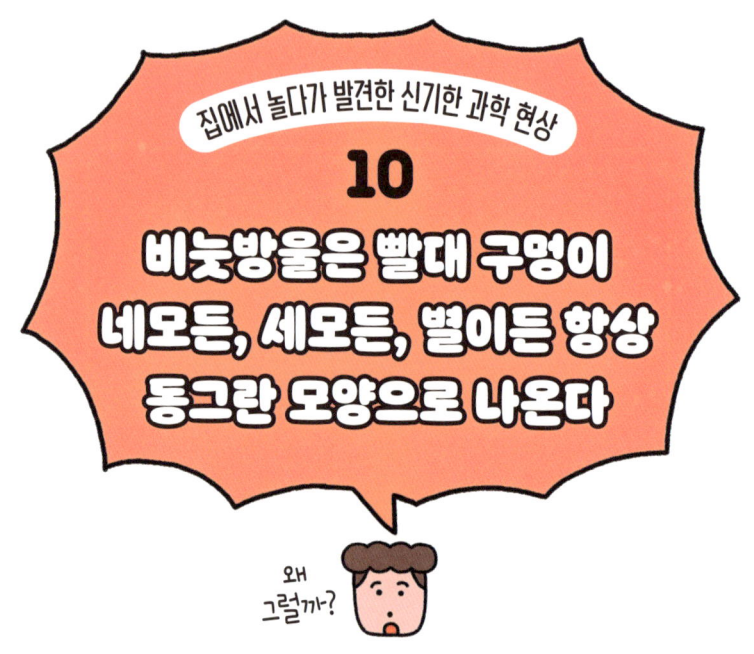

집에서 놀다가 발견한 신기한 과학 현상

10
비눗방울은 빨대 구멍이 네모든, 세모든, 별이든 항상 동그란 모양으로 나온다

왜 그럴까?

표면 장력

액체는 자신의 표면적을 작게 줄이려는 성질이 있어요. 액체를 이루는 작은 알갱이들이 서로 끌어당기고 있기 때문이에요. 이처럼 액체의 표면이 가능한 한 작은 면적을 차지하기 위해 작용하는 힘을 **표면 장력**이라고 해요. 일반적으로 물체는 공처럼 둥글 때 면적이 가장 작아요. 그래서 비눗방울을 불면 스스로 가장 안정적인 모양을 찾아 동그랗게 모이는 거예요. 풀잎 위의 이슬 방울이 동그란 이유도 표면 장력 때문이랍니다.

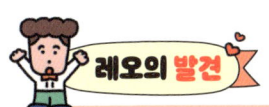 레오의 **발견**

> 표면 장력은 액체가 스스로 안정된 형태를 유지하기 위해 표면적을 줄이려는 힘이야. 비눗방울이나 물방울이 동그란 것도, 컵에 물을 넘치도록 따랐을 때 컵 위로 물이 볼록하게 올라오는 것도 표면 장력 때문이야.

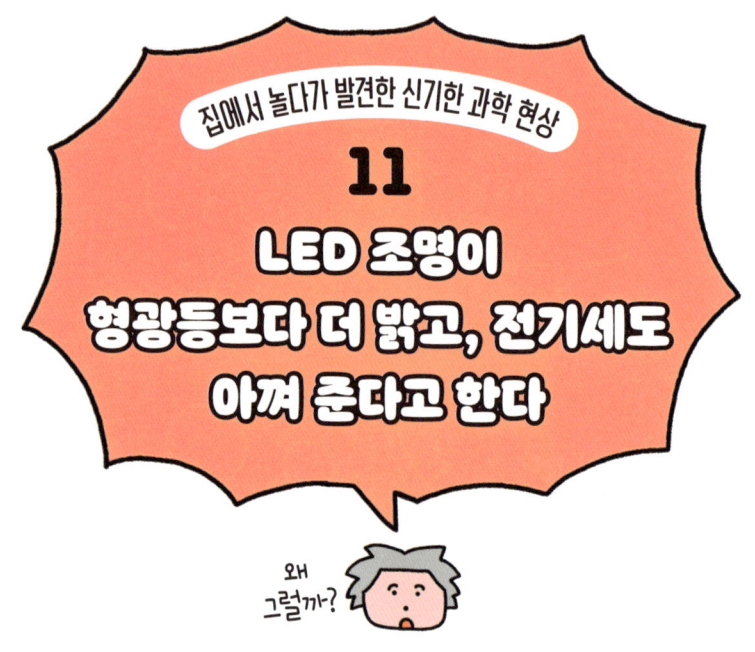

집에서 놀다가 발견한 신기한 과학 현상

11
LED 조명이 형광등보다 더 밝고, 전기세도 아껴 준다고 한다

왜 그럴까?

에너지 효율

발광 다이오드(LED)는 조명 속에 장착된 반도체 장치를 이용해 전기 에너지를 빛 에너지로 바꿔요. 에너지를 전환하는 과정에서 LED는 열을 거의 발생시키지 않아요. 따라서 전기 에너지의 약 90퍼센트가 빛 에너지로 바뀐답니다. **에너지 효율이 매우 높다고** 할 수 있어요. 이에 비해 형광등은 유리관 속의 수은과 아르곤 가스가 전기의 전자와 부딪히면서 빛과 열이 나는데, 이때 전기 에너지의 약 40~50퍼센트만을 빛 에너지로 바꿔요. LED에 비해 에너지 효율이 낮은 셈이지요.

| 백열등 | 형광등 | LED |

아인의 발견

LED는 전기 에너지의 90퍼센트 정도를 빛 에너지로 바꾸니까 버려지는 에너지가 적어서 효율이 높은 거였어. 에너지 효율이 높은 전자 제품을 사면 전기도 절약할 수 있고, 지구 환경도 살릴 수 있겠어.

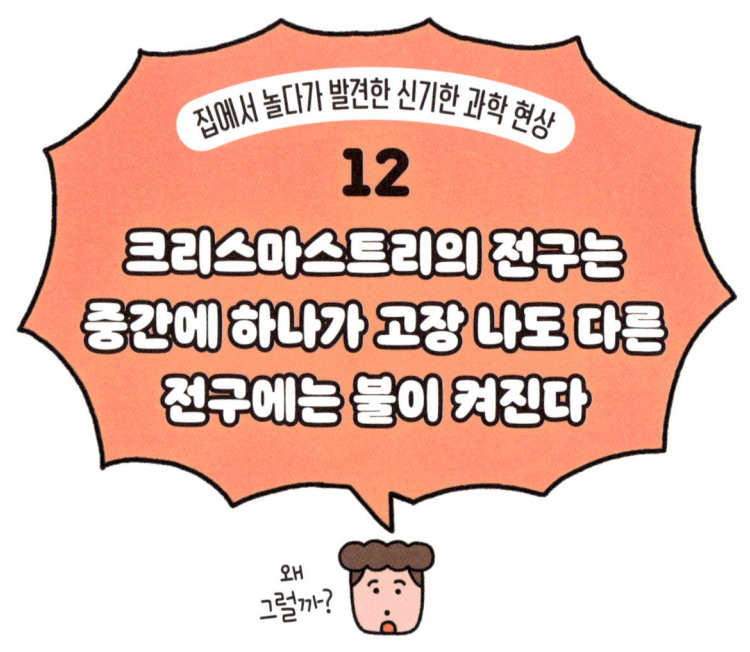

전구의 직렬연결과 병렬연결

전구의 직렬연결을 1차선 도로라 하면, 병렬연결은 여러 차선이 있는 도로라고 할 수 있어요. 1차선 도로에서 차 한 대가 고장 나면 다른 차들도 움직일 수 없어요. 하지만 차선이 여러 개인 도로에서는 고장 난 차가 있어도 다른 차선으로 갈 수 있지요. 이처럼 전구가 직렬연결이면 전구 하나만 고장 나도 전체 전구에 불이 들어오지 않지만, 병렬연결이면 하나가 고장 나도 다른 전구에는 이상이 없답니다. 그래서 크리스마스트리처럼 여러 전구에 불을 켤 때는 전구를 병렬로 연결해요.

 레오의 발견

전구를 병렬연결하면 여러 개의 전구 중에서 원하는 것을 골라서 켜거나 끌 수 있대. 하지만 직렬연결일 때는 하나가 꺼지면 다른 것도 다 꺼지는구나.

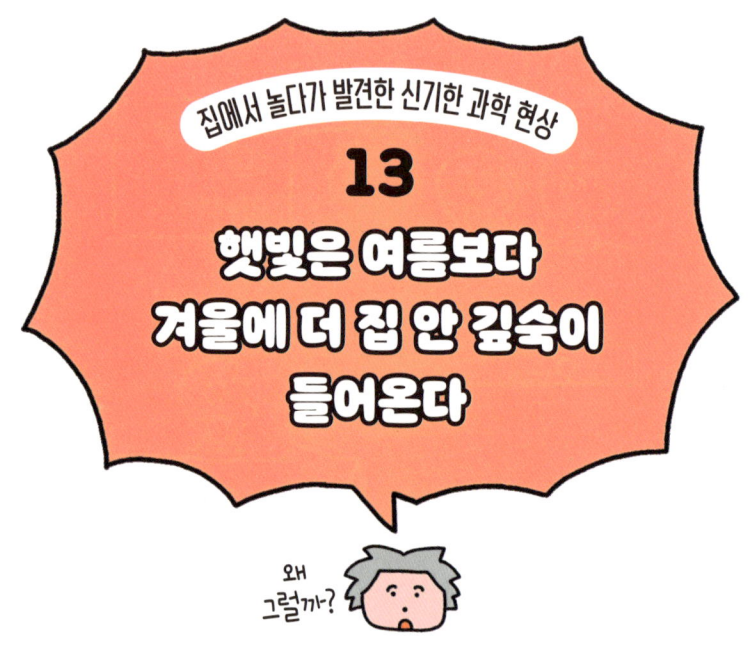

태양의 남중 고도

태양이 남쪽 하늘 중앙에 위치했을 때를 **남중**이라고 하고, 이때 태양과 지표면이 이루는 각도를 **남중 고도**라고 해요. 태양은 하루 중 남중했을 때 가장 높이 떠 있어요. 태양의 남중 고도는 계절에 따라 다른데, 지구가 23.5도 기울어진 상태로 태양 주위를 공전하기 때문이죠. 남중 고도는 여름(하지)에 가장 높고, 겨울(동지)에 가장 낮아요. 겨울에 햇빛이 집 안 깊숙이 들어오는 까닭은 태양이 낮게 뜨기 때문이랍니다.

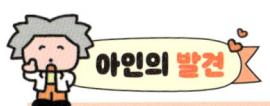

태양의 남중 고도가 여름에는 높고, 겨울에는 낮기 때문에 겨울에 햇빛이 집 안 깊숙이 들어오는구나. 사람들이 남향집을 좋아하는 이유도 여름에 해가 덜 들어와 시원하고, 겨울에 해가 많이 들어와 따뜻하기 때문이래.

★보너스 퀴즈★
다음 내용은
맞는 말일까? 틀린 말일까?

Q1
빨대 구멍을 크게 하면
네모 모양 비눗방울이 생긴다.

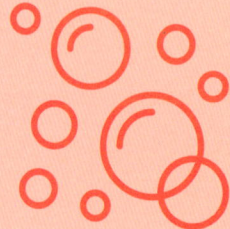

○   ×

Q2
크리스마스트리의 전구는
주로 병렬연결이다.

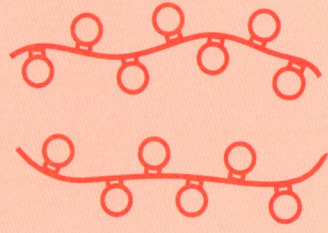

○   ×

A1
×

빨대 구멍이 크거나 모양에 상관없이
이 시소방울은 표면 장력 때문에 원
래대로 동글동글한 모양이에요.

A2
○

전구를 병렬로 연결하면 중간에 한
개가 고장 나도 다른 전구에는 불이
들어와요. 하지 않고 꺼지지 크리스
마스트리의 전구는 대부분 병렬연결
이에요.

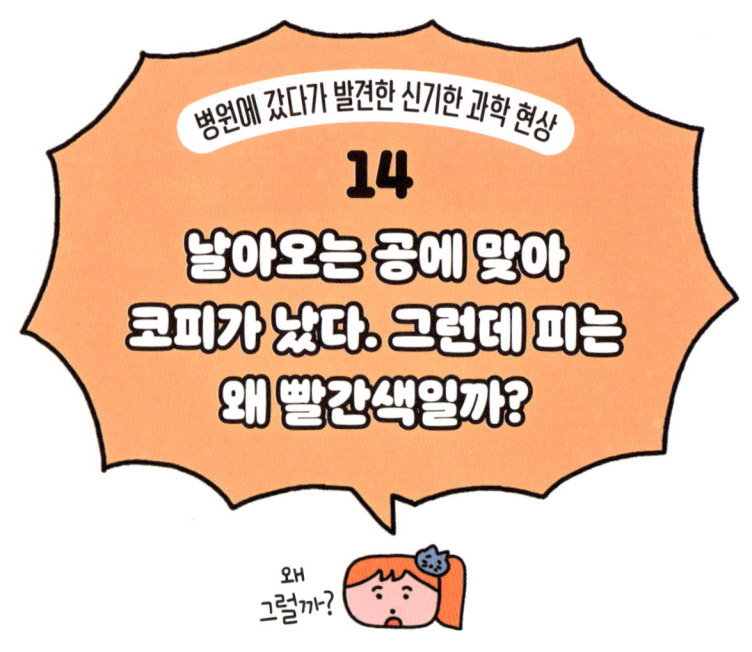

적혈구와 헤모글로빈

피는 우리 몸을 흐르면서 곳곳에 산소와 영양소를 나누어 줘요. 피가 빨간색으로 보이는 이유는 피의 적혈구에 있는 헤모글로빈 때문이에요. 헤모글로빈은 몸에 산소를 날라 주는 단백질인데, 산소와 만나면 붉은색을 띠거든요. 그런데 모든 동물의 피가 빨간 건 아니에요. 사람을 비롯해 돼지, 개와 같은 포유류의 피는 빨간색이지만, 문어, 오징어, 새우의 피는 청록색이에요. 곤충은 피가 청록색이나 노란색인 경우도 있어요.

 다위의 발견

혈액 속에는 적혈구, 백혈구, 혈소판 등의 특수 세포가 있어. 그중 적혈구에 있는 헤모글로빈 때문에 피가 빨갛게 보여. 헤모글로빈 속의 철 성분이 산소와 만나면 붉은색으로 변하기 때문이야.

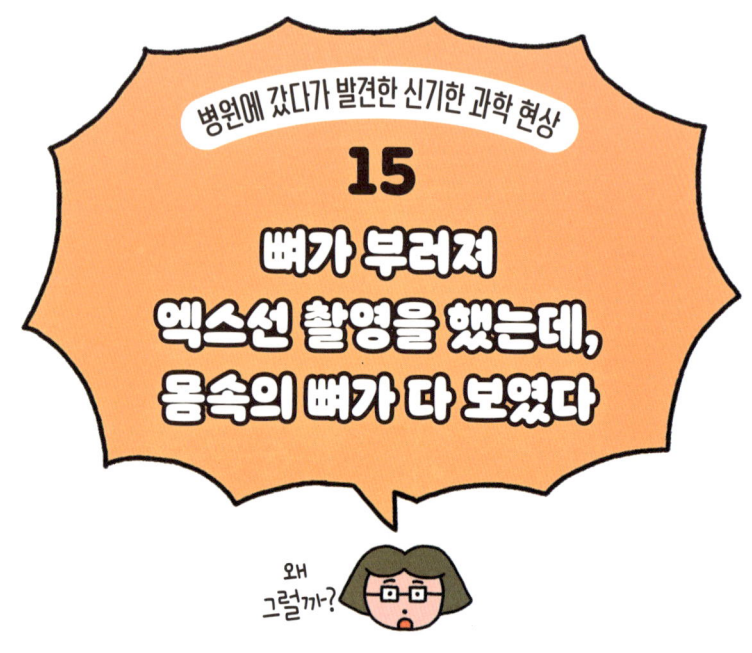

엑스선(X-ray)

독일의 물리학자 빌헬름 뢴트겐은 1895년에 엑스선(엑스레이)을 발견해서 노벨 물리학상을 받았어요. 엑스선은 물질의 밀도에 따라 통과하는 정도가 달라요. 엑스선 사진을 보면, 엑스선이 잘 관통하는 공기는 검은색, 잘 관통하지 못하는 물과 지방은 회색, 거의 관통하지 못하는 뼈는 흰색으로 보여요. 엑스선의 원리를 이용하면 뼈가 부러진 위치와 정도, 신체 장기의 이상까지도 간단히 확인할 수 있지요.

 마리의 발견

엑스선은 뼈와 같이 단단하여 밀도가 높은 물질은 통과하지 못하는구나. 뢴트겐은 엑스선을 '뢴트겐선'으로 이름을 붙이자는 제안을 거절했대. 자기의 명예보다는 엑스선이 인류를 위해 사용되기를 원했던 거야.

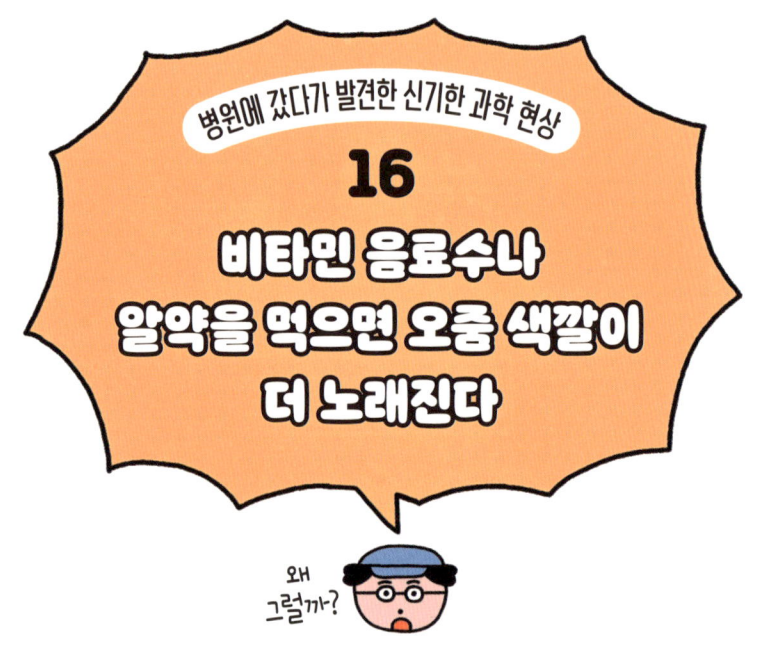

소변의 배출

온몸을 돌고 돈 혈액은 신장으로 가요. 신장에서 노폐물이 걸러진 상태로 방광에 모였다가 배출되는데, 그것이 오줌이에요. 정상적인 오줌은 옅은 노란색이에요. 그런데 비타민을 먹으면 유독 색이 노랗게 짙어지지요. 그 이유는 '리보플래빈'이라고 하는 비타민 B의 성분 때문이에요. 리보플래빈은 노란색을 띠는데 물에 녹는 성질이 있어요. 몸에 흡수되고 남은 리보플래빈이 소변에 녹아 배출되면서 소변이 더 노래지는 거예요.

어? 오줌이 왜 이렇게 노랗지? 혹시 내가 죽을병에 걸린 건가?

쯧쯧! 너 비타민 먹었구나. 어쩌니? 너무 건강해서 앞으로 100년은 더 살겠어.

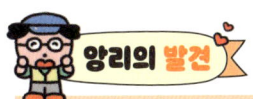
앙리의 발견

비타민을 먹고 소변을 보면 색깔이 유독 노래지는 이유가 리보플래빈 때문이었어. 소변은 우리 몸의 건강 상태를 알 수 있는 지표야. 소변으로 몸의 어느 부분에 이상이 있는지 확인할 수 있으니까 병원에서 받는 소변 검사가 중요해.

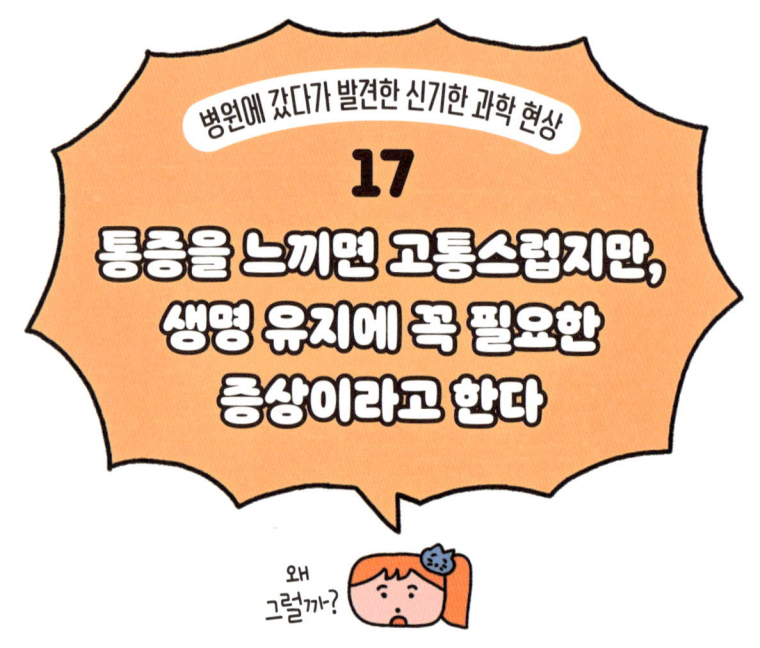

병원에 갔다가 발견한 신기한 과학 현상

17
통증을 느끼면 고통스럽지만, 생명 유지에 꼭 필요한 증상이라고 한다

왜 그럴까?

촉각 기관 - 통점

우리 몸에는 열을 느끼는 **온점**, 차가움을 느끼는 **냉점**, 압력을 느끼는 **압점**, 통증을 느끼는 **통점**이 있어요. 그리고 이렇게 피부에 닿는 감각을 수용하는 기관을 **촉각 기관**이라고 하지요. 그중 특히 통점은 1제곱센티미터당 100~200개로 감각점 중에서도 가장 많고, 자극에 아주 민감해요. 통증은 고통스러운 감각이지만 우리 몸속에 위해한 요소가 있다는 증거이기도 해요. 고통을 느껴야 얼른 치료를 할 수 있으므로 통증은 생명을 유지하기 위해 꼭 필요한 감각이에요.

 다위의 발견

통증을 느끼는 통점은 우리 몸의 감각 중 가장 발달했대. 통증을 좋아하는 사람은 없겠지만 우리의 건강을 지키는 데 꼭 필요한 감각이야.

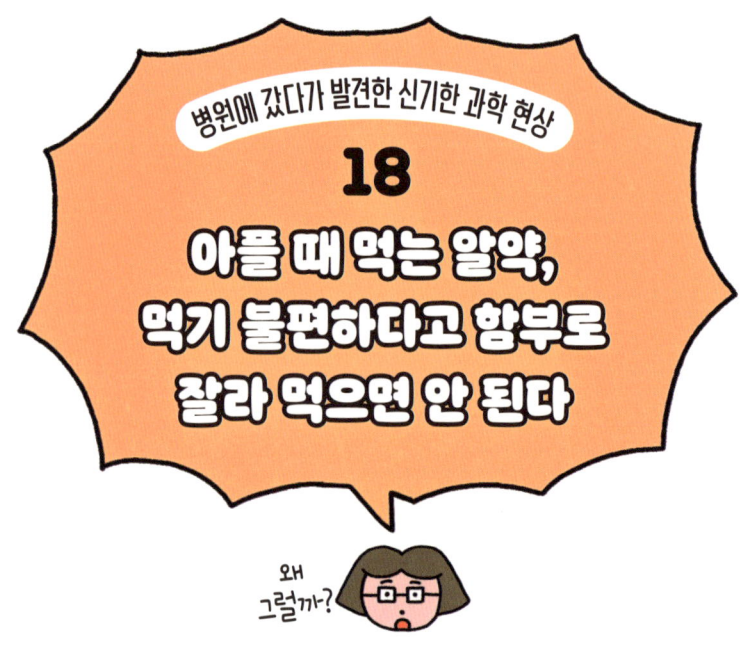

알약의 용해

알약은 **즉방정**(빨리 녹는 약)과 **서방정**(천천히 녹는 약), **당의정**(단맛을 코팅한 약), **캡슐형**(가루를 캡슐에 넣은 약) 등 종류가 다양해요. 그런데 먹기 불편하다고 알약을 함부로 잘라 먹으면 안 돼요. 알약은 우리 몸에서 흡수 시간, 흡수 속도, 흡수 부위에 맞게 용해되어야 효과적이거든요. 천천히 녹아야 하는 서방정이나 특정 부위까지 가서 녹도록 만들어진 코팅정을 자르거나 가루를 내서 먹으면 너무 일찍 한꺼번에 용해되어 부작용을 일으킬 수 있어요.

 마리의 발견

알약은 녹는 속도나 도달 부위에 따라 종류가 다양하구나. 의사나 약사의 안내 없이 함부로 잘라 먹으면 안 되겠어. 참, 알약에 분할선이 있는 것들은 잘라서 먹어도 된대.

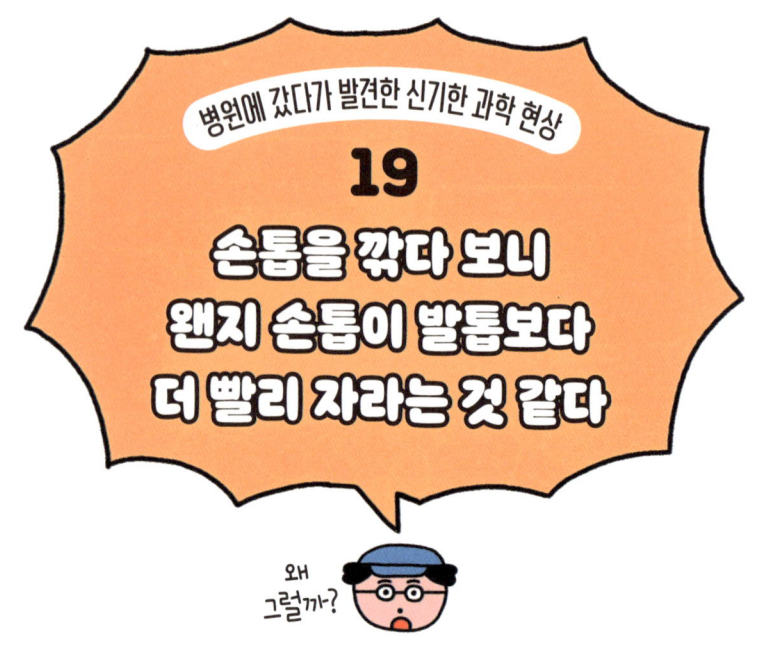

손톱과 발톱의 성장

손톱과 발톱이 자라는 이유는 손발톱 뿌리 아래의 세포들이 규칙적으로 분열해 **케라틴**(동물의 손톱, 뿔, 머리카락 등을 형성하는 단백질)을 만들어 내기 때문이에요. 손톱은 한 달에 3.5~4밀리미터, 발톱은 1.6~1.8밀리미터 정도 자라요. 손톱이 더 빨리 자라는 이유는 첫째, 혈액 순환이 잘 되어 세포 분열이 빠르게 일어나고 둘째, 발톱보다 외부의 자극을 많이 받아서예요. 자극을 많이 받을수록 세포 생성이 빠르게 일어나거든요.

> 야, 발톱!
> 넌 이런 거 못 하지?
> 키도 늦게 자라는 주제에.

> 후훗! 빨리 자라 봐야 빨리 잘려 나가기밖에 더 하니?

앙리의 발견

손톱이 더 빨리 자라는 게 사실이었어. 손발톱은 손과 발을 보호하고 촉감을 느끼는 데 도움을 준대. 발톱이 손톱보다 2배 이상 더 두껍고, 여자보다 남자가 더 두꺼워.

★보너스 퀴즈★
다음 현상은 무엇과 관련된 것인지 맞혀 보자!

Q1
피가 붉은 이유는 (백혈구 / 적혈구)에 있는 헤모글로빈 때문이다.

Q2
비타민을 먹으면 오줌이 노래지는 이유는 몸에 흡수되고 남은 리보플래빈이 (배출 / 순환)되었기 때문이다.

Q3
알약을 잘라 먹으면 (용해 / 소화)가 빨리 되어 부작용이 생길 수 있다.

A1 적혈구
피가 붉은 이유는 적혈구 속에 있는 붉은 색의 헤모글로빈 때문이에요.

A2 배출
비타민을 먹으면 우리 몸에 흡수되고 남은 리보플래빈이 오줌에 섞여 배출되기 때문에 소변 색이 노래져요.

A3 용해
용해란 우리 몸의 특정 부위에서 특정 시간 동안 녹아야 하는 약을 말해요. 용해가 빨리 되면 부작용이 생길 수 있어요.

4장
하늘을 바라보다가 발견한 신기한 과학 현상

비행기의 양력과 추력

비행기 날개는 윗면이 아랫면보다 볼록해요. 그래서 비행기가 이륙할 때, 날개의 위쪽(굽은 길)을 지나는 공기가 아래쪽(평평한 길)을 지나는 공기보다 더 빨리 흘러가지요. 공기는 빠를수록 압력이 낮아지기 때문에 날개 위쪽이 아래쪽보다 압력이 낮아요. 이때, 날개 위아래의 압력 차이로 위로 뜨려는 힘이 생기는데 이것을 **양력**이라고 해요. 양력으로 비행기가 뜨면, 프로펠러가 돌면서 만들어 내는 **추력**으로 하늘을 빠르게 날아가요.

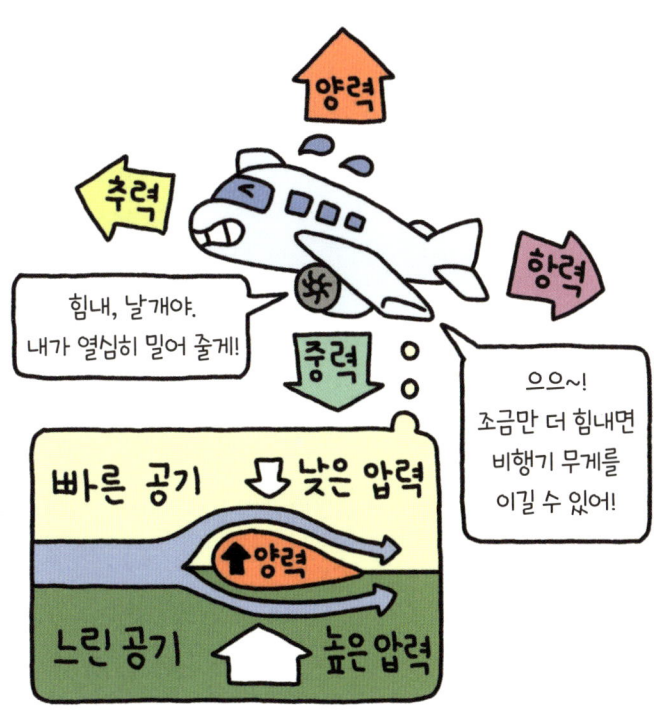

마리의 발견

비행기는 날개 위아래의 압력 차이로 생기는 양력으로 뜨는구나. 대형 여객기가 이륙할 때 시속 270~350킬로미터로 달리면 양력이 비행기의 무게보다 커져서 공중으로 뜰 수 있어.

가시광선과 빛의 산란

　태양빛이 지구로 들어와 공기에 부딪혀 퍼지는 현상을 **산란**이라고 해요. 또 태양빛에서 보이는 일곱 색깔(빨주노초파남보)을 **가시광선**이라고 하고요. 그런데 태양빛이 지구로 들어올 때 파장이 짧은 푸른(파남보)빛은 멀리 가지 못하고, 파장이 긴 붉은(빨주노)빛은 멀리 뻗어 가요. 낮에는 태양빛이 바로 비추기 때문에 짧은 거리에서 산란하는 푸른색이 보이고, 해가 뜨거나 질 때에는 태양빛이 비스듬히 비추기 때문에 멀리까지 도달하는 붉은빛이 보이는 거예요.

낮에는 빛이 곧바로 들어와 파장이 짧은 파란색이 보인단다.

저녁이나 새벽에는 빛이 비스듬히 들어와 파장이 긴 붉은색이 보이고,

 레오의 발견

하늘이 파란 것도, 노을이 붉은 것도 태양빛의 산란 때문이었어. 가시광선도 색깔마다 도달하는 거리가 달라서 낮에는 가까운 거리의 푸른빛이, 새벽과 저녁에는 먼 거리의 붉은빛이 보여.

달의 바다

달 표면은 **바다**와 **고지**로 나뉘어요. 바다는 검은색의 현무암 성분으로 된 낮고 편평한 땅이에요. 반면, 고지는 밝은색의 사장암 성분의 높고 험한 땅이에요. 지구에서 토끼처럼 보이는 검은 무늬는 달의 바다예요. 달이 태양빛에 반사되어 비칠 때 주변보다 어둡게 보이는 지역이지요. 참, 이름이 바다라고 지구의 바다처럼 물이 있는 건 아니에요. 옛날에 아시아에서는 달의 바다를 토끼나 두꺼비로, 서양에서는 한쪽 집게발을 든 게나 거울을 보는 여인으로 상상했대요.

 아인의 발견

떡방아를 찧는 토끼는 사실 달의 바다였구나. 달의 바다는 지대가 낮고 편평해. 1969년, 인류 최초의 유인 우주선 '아폴로 11호'가 착륙한 곳도 달 토끼의 머리 부분인 '고요의 바다'라는 곳이야.

유성(별똥별)과 운석

우주 공간에는 혜성이나 소행성에서 떨어진 티끌이 많아요. **유성체**라고 불리는 이 티끌은 지름이 1밀리미터도 안 되는 것에서 반지름만 10킬로미터가 넘는 것도 있어요. 유성체가 떠돌다가 지구의 중력에 이끌려 대기로 들어오면, 공기와 마찰하면서 불타요. 이렇게 빛을 내며 떨어지는 유성체가 **유성(별똥별)**이에요. 대부분의 유성은 공기 중에서 사라지지만, 크기가 큰 것은 타고 남은 덩어리가 땅에 떨어지기도 하는데 이를 **운석**이라고 해요.

아인의 발견

우주를 떠돌던 유성체가 지구에 들어와 빛을 내며 떨어지는 것이 별똥별이래. 만약 지구에 대기가 없다면, 수없이 떨어지는 운석 때문에 엄청 위험했을 거야. 대기가 지구의 보호막이라고 할 수 있겠군.

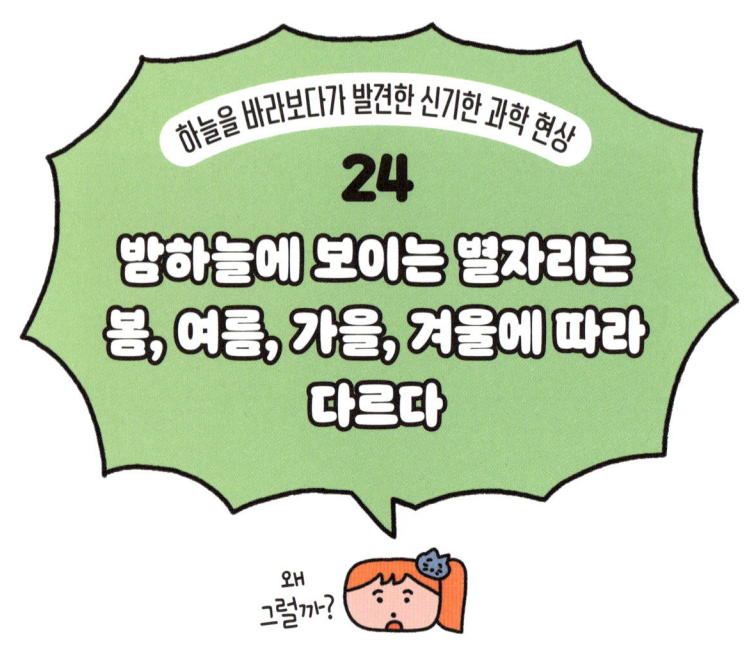

계절별 별자리

밤하늘에 보이는 별자리가 계절마다 다른 이유는 지구가 태양 주위를 **공전**하기 때문이에요. 지구는 태양 주위를 매일 조금씩 도는데, 한 바퀴를 도는 데는 365일이 걸려요. 이처럼 지구의 위치가 변함에 따라 우리가 바라보는 밤하늘의 방향도 달라져요. 봄에는 사자자리, 여름에는 전갈자리, 가을에는 페가수스자리, 겨울에는 오리온자리가 잘 보여요.

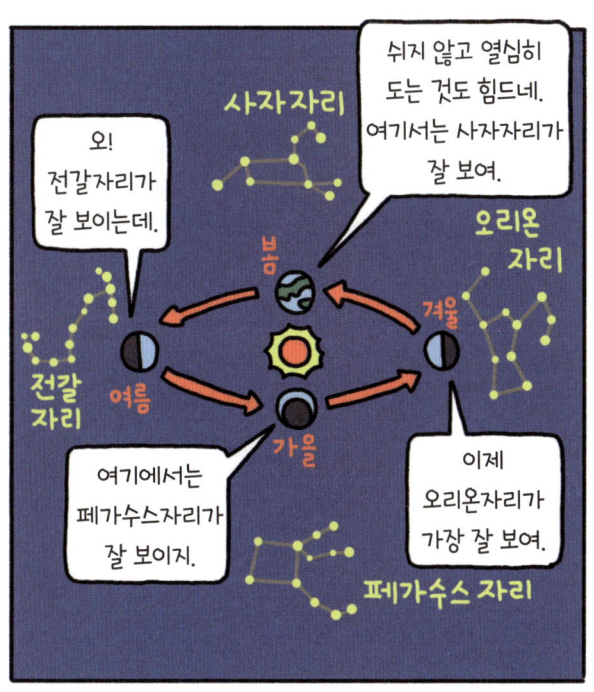

계절마다 다른 별자리가 보이는 이유는 지구가 태양 주위를 공전하기 때문이야. 별자리가 이동하는 게 아니라, 지구가 이동하기 때문이었다고!

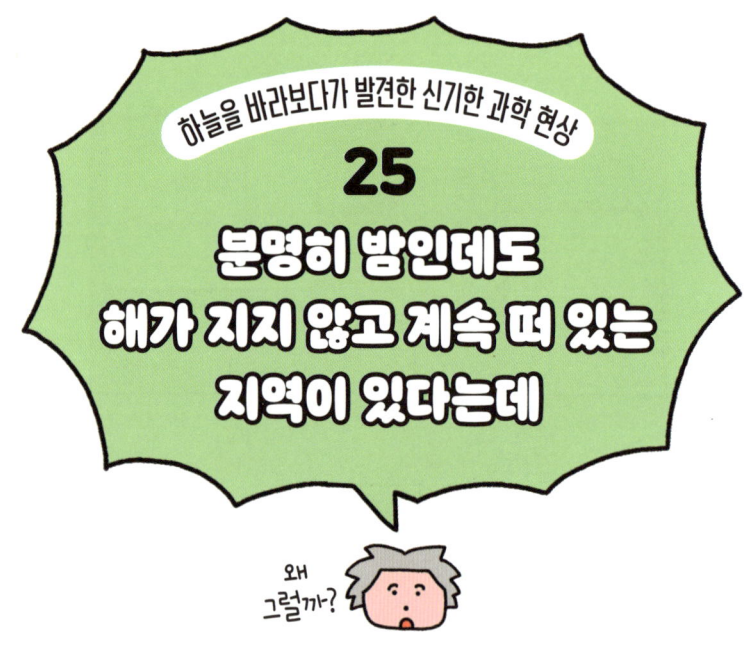

백야 현상

 우리나라에서는 낮에 해가 뜨고 밤에 해가 지는 게 당연해요. 하지만 낮인데도 깜깜하고, 밤인데도 해가 환하게 떠 있는 곳들도 있어요. 하루 종일 해가 지지 않고 환한 현상을 **백야**, 반대로 하루 종일 깜깜한 현상을 **극야**라고 해요. 이런 현상이 나타나는 까닭은 지구의 자전축이 23.5도 기울어져 있기 때문이에요. 북극이나 남극과 가까운 지역은 지구가 태양 쪽으로 기울 때 백야가, 태양 반대쪽으로 기울 때에는 극야가 나타나지요.

 아인의 발견

백야 현상이 일어나는 까닭은 지구가 23.5도 기울어진 채로 자전하기 때문이야. 북극과 가까운 러시아, 노르웨이, 캐나다나, 남극과 가까운 칠레, 아르헨티나 등의 나라에서 백야와 극야를 볼 수 있대.

보이저 1, 2호

1977년, 미국에서 우주 탐사선 보이저(voyager) 1호와 2호를 쏘아 올렸어요. 보이저호의 임무는 목성, 토성, 천왕성, 해왕성을 탐사하는 거였어요. 지구를 떠난 보이저호는 자신의 임무를 성공적으로 수행했고, 목성, 토성, 천왕성의 사진 등 많은 정보를 지구로 보내 주었어요. 놀랍게도 아직 우주를 항해하고 있답니다. 지금은 둘 다 태양계를 벗어나 1호는 태양에서 약 240억 킬로미터, 2호는 약 200억 킬로미터 이상 떨어진 우주 공간에서 유유자적 여행 중이랍니다.

 **레오의 발견**

보이저 1, 2호는 이미 태양계를 벗어났다니! 보이저호에는 외계 생명체에게 발견됐을 경우를 대비해서 지구인의 모습과 지구의 위치, 지구를 소개하는 자료 등이 담긴 '골든 레코드'가 들어 있대. 언젠가 외계인이 그걸 보고 지구를 찾아올지도 몰라.

★보너스 퀴즈★

다음 현상은
무엇과 관련된 것인지 맞혀 보자!

Q1

무거운 비행기가 사람을
가득 싣고 하늘을 난다.

① 압력　② 부력
③ 전력　④ 양력

Q2

밤이 되어도 하루 종일
해가 지지 않고 밝다.

① 백야 현상　② 일기 현상
③ 극야 현상　④ 오로라 현상

A1

④ 양력

그고 무거운 비행기가 떠서 하늘을 날 수 있는 건 날개 위아래로 공기가 흐르는 속도가 다르면서 생기는 '양력' 때문이에요.

A2

① 백야 현상

북극이나 남극 지방에서 밤에도 해가 계속 떠 있어 어두워지지 않는 현상을 '백야'라고 해요. 반대로 낮에도 해가 뜨지 않고 어두운 현상은 '극야'라고 해요.

5장

캠핑을 가서 발견한 신기한 과학 현상

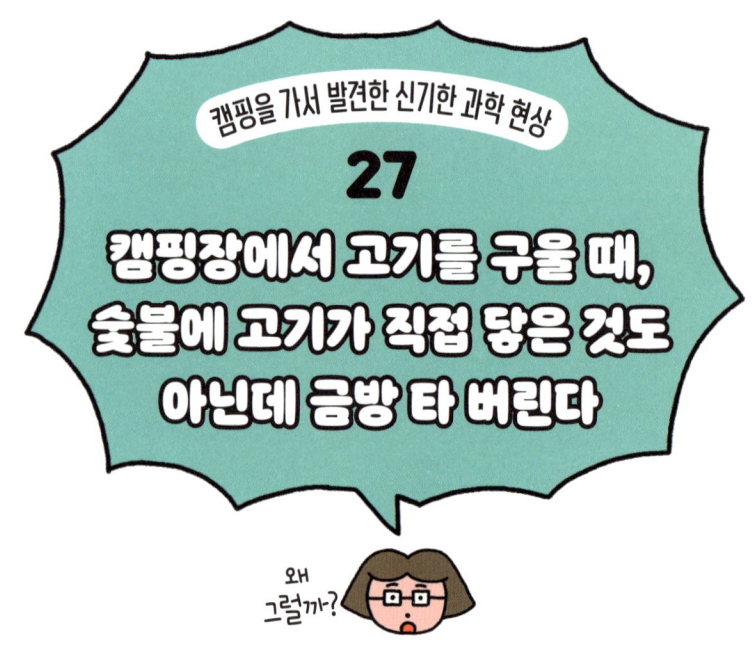

캠핑을 가서 발견한 신기한 과학 현상

27
캠핑장에서 고기를 구울 때, 숯불에 고기가 직접 닿은 것도 아닌데 금방 타 버린다

열복사 현상

열이 이동하는 방식은 크게 세 가지예요. 고체인 물체를 따라 이동하는 **전도**, 액체나 기체를 따라 이동하는 **대류**, 매개체(고체, 액체, 기체) 없이 전자기파 형태로 바로 이동하는 **복사**가 있어요. 캠핑장에서 숯불을 피우고 그 위에서 고기를 구우면 고기도 잘 익지만 둘러앉은 사람에게까지 열이 느껴지지요. 이런 현상은 숯불의 열이 전자기파를 통해 곧바로 전달되는 열복사 때문이에요.

마리의 발견

숯불의 열복사 때문에 고기가 빨리 익고 주변이 뜨거운 거였어. 난롯불을 쬘 때나 먼 곳에 있는 태양빛이 따뜻하게 느껴지는 것도 모두 열복사 현상이야.

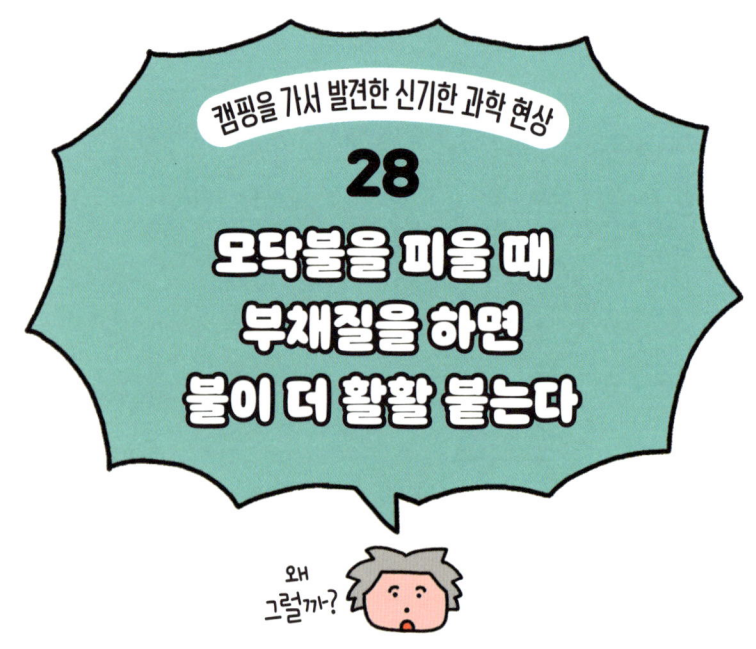

캠핑을 가서 발견한 신기한 과학 현상

28
모닥불을 피울 때 부채질을 하면 불이 더 활활 붙는다

왜 그럴까?

연소의 조건

촛불이나 성냥불은 바람이 불면 꺼지는데, 모닥불이나 숯불은 왜 바람을 일으킬수록 더 활활 타오를까요? 그 비밀은 바로 '산소'에 있어요. 어떤 물질이 빛과 열을 내며 타려면, 즉 **연소**하려면 세 가지 조건을 갖춰야 해요. **산소**와 **발화점 이상의 온도**, 그리고 **탈 물질**이에요. 탈 물질(나무)이 발화점 이상의 온도(불)가 유지된 상태에서 산소를 공급받으면 반응이 일어나지요. 모닥불에 부채질을 하면 불에 산소를 공급해 주는 격이니 불이 더 활활 타오르겠죠.

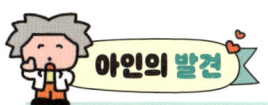 아인의 발견

'불난 집에 부채질 한다.'는 속담은 곤란한 사람을 도와주는 게 아니라 더 힘들게 하는 일을 빗댄 표현이구나. 불난 곳에 산소를 공급하면 불이 더 잘 붙을 테니까.

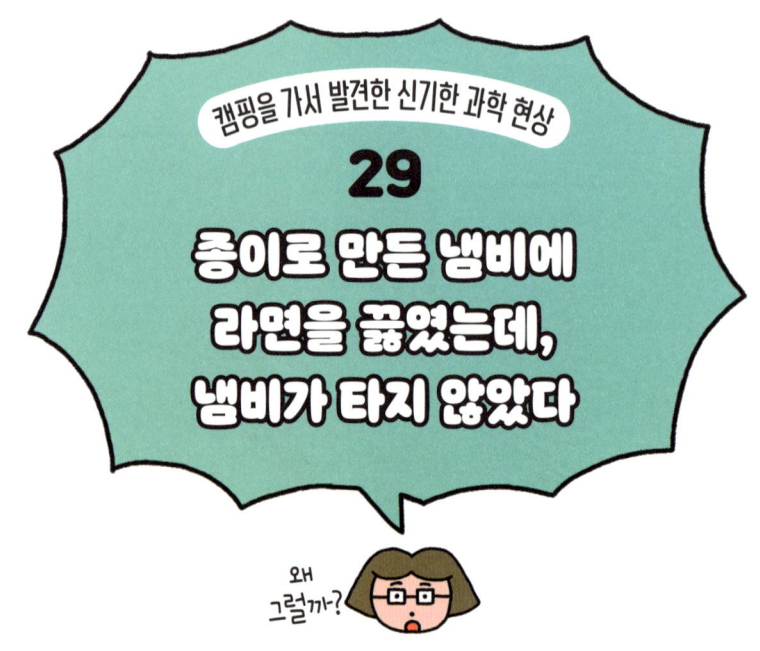

발화점

종이 냄비의 비밀은 바로 물질이 타기 시작하는 온도인 **발화점**이에요. 종이는 약 400°C에서 타기 시작해요. 그리고 물의 끓는점은 100°C고요. 종이 냄비에 물을 붓고 불을 붙이면 바로 타 버리지 않냐고요? 아니에요. 물이 종이 냄비에 전달된 열을 흡수해서 끓기 시작하지요. 그런데 물은 아무리 끓어도 100°C를 넘지 않기 때문에, 종이의 발화점까지는 못 가요. 그러니 종이 냄비를 태우지 않고 라면을 끓일 수 있는 거예요.

 **마리의 발견**

물질마다 발화점이 다르네. 종이 냄비가 타지 않는 이유는 물의 발화점이 더 낮아서였어. 물은 100°C, 종이는 400°C!

주광성

날벌레가 불빛에 모여드는 이유는 생물이 빛에 반응하는 **주광성** 때문이에요. 깜깜한 밤에 활동하는 곤충은 밤하늘을 날 때 별빛이나 달빛을 기준으로 방향을 잡는다고 해요. 그런데 요즘에는 곤충이 인공 조명을 별빛이나 달빛으로 착각하여 그 주변으로 뱅글뱅글 돌며 모여드는 경우가 많죠. 이렇게 밝은 빛을 향하는 것을 **양의 주광성**이라고 해요. 반대로 빛과 멀어지려는 성질을 **음의 주광성**이라고 한답니다.

양의 주광성 때문에 모기나 나방 같은 벌레가 불빛으로 몰려드는 거야. 이와 반대로 음의 주광성은 빛을 보면 달아나는 현상인데, 지렁이나 바퀴벌레가 그렇대.

기압과 끓는점

공기의 무게로 생기는 압력을 **기압**이라고 해요. 액체가 끓기 시작하는 온도를 **끓는점**이라고 하고요. 기압은 높은 곳으로 갈수록 낮아지는데, 기압이 낮아지면 액체의 끓는점도 낮아져요. 일반적인 상황이라면 물은 100℃에서 끓지만, 기압이 낮은 산꼭대기에서는 100℃가 되기 전에 끓어요. 산에서 밥을 지으면 쌀이 잘 익지 않는 이유지요. 이때, 냄비 뚜껑에 돌을 얹으면 냄비 속의 압력을 높이는 효과가 생겨요. 그러면 물이 끓는점을 회복해 잘 익은 밥이 된답니다.

높은 곳으로 갈수록 공기가 누르는 힘이 약해져서 기압이 낮아지는구나. 그러면 물의 끓는점이 낮아지고 말이야. 기압이 낮은 산에서는 물이 100°C 이전에 끓으니 쌀이 설익는 거였어.

★보너스 퀴즈★
다음 현상은 무엇과 관련된 것인지 맞혀 보자!

Q1
캠핑장에서 숯불을 피워 고기를 구워 먹는다.

❶ 연소 ❷ 전도
❸ 대류 ❹ 복사

Q2
여름날 밤에 벌레들이 불빛 주변으로 몰려든다.

❶ 편도성 ❷ 주광성
❸ 야광성 ❹ 발화성

A1
❹ 복사
불이 매개체(고체, 액체, 기체) 없이 잠사되어 열을 전해을 때에 이동하는 것을 복사. 열팽이이랍니요.

A2
❷ 주광성
곤충들이 불빛을 향해 모여드는 것은 '주광성' 때문이에요.

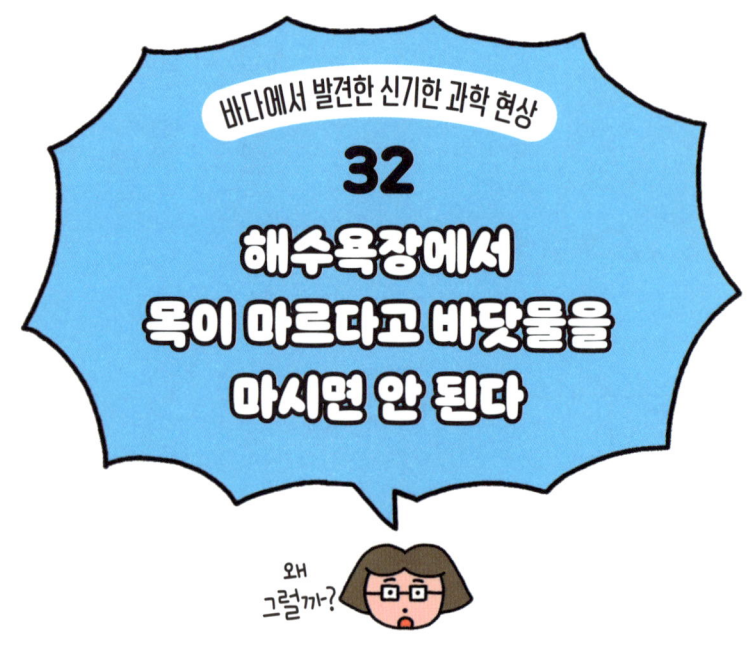

삼투압 현상

해수욕장에서 목이 마르다고 바닷물을 마시면 큰일 나요. 그 이유는 바로 **삼투압 현상**과 관련 있어요. 삼투압이란 **반투막**을 사이에 두고 농도가 다른 두 액체가 있을 때, 농도가 낮은 쪽에서 높은 쪽으로 수분이 이동하는 현상이에요. 바닷물의 소금 농도는 약 3.5퍼센트, 우리 몸의 세포는 약 0.9퍼센트예요. 그래서 바닷물을 마시면 몸속 세포막을 통해 수분이 빠져나가 더 심한 갈증을 느끼게 돼요.

바닷물을 마시면 삼투압 현상이 일어나 오히려 우리 몸의 수분이 빠져나가. 배추를 소금물에 절이는 것, 목욕탕에 오래 있으면 손발이 쪼글쪼글해지는 것도 삼투압 현상 때문이야.

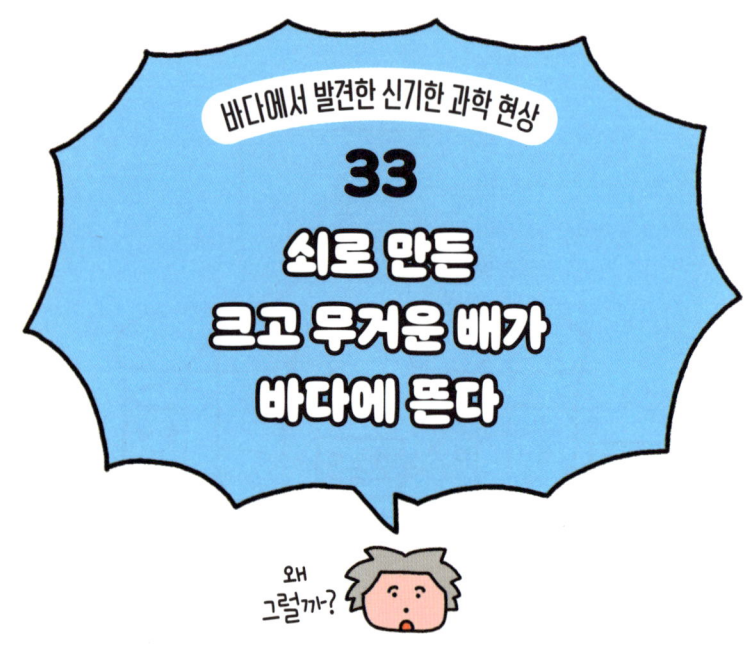

바다에서 발견한 신기한 과학 현상
33
쇠로 만든 크고 무거운 배가 바다에 뜬다

왜 그럴까?

부력

작은 돌멩이도 물에 가라앉는데, 크고 무거운 배가 물에 뜨는 게 신기하다고요? 그 비밀은 바로 **부력**이에요. 부력은 액체나 기체에 잠긴 물체가 위로 뜨려는 힘이에요. 물체의 부피가 클수록 부력도 커지지요. 만약에 찰흙을 동그랗게 뭉쳐서 물에 넣으면 가라앉을 거예요. 하지만 같은 양의 찰흙을 얇게 펴서 배 모양으로 만들면 어떻게 될까요? 맞아요. 물에 둥둥 떠요. 찰흙의 부피가 커지면서 부력도 커졌기 때문이랍니다.

아무리 무거워도 부피가 커지면 부력이 커져서 물에 뜰 수 있구나. 배는 내부 공간을 넓게 만들었기 때문에 그만큼 부피도 크고 공기도 많아져서 물보다 가벼워진 거야.

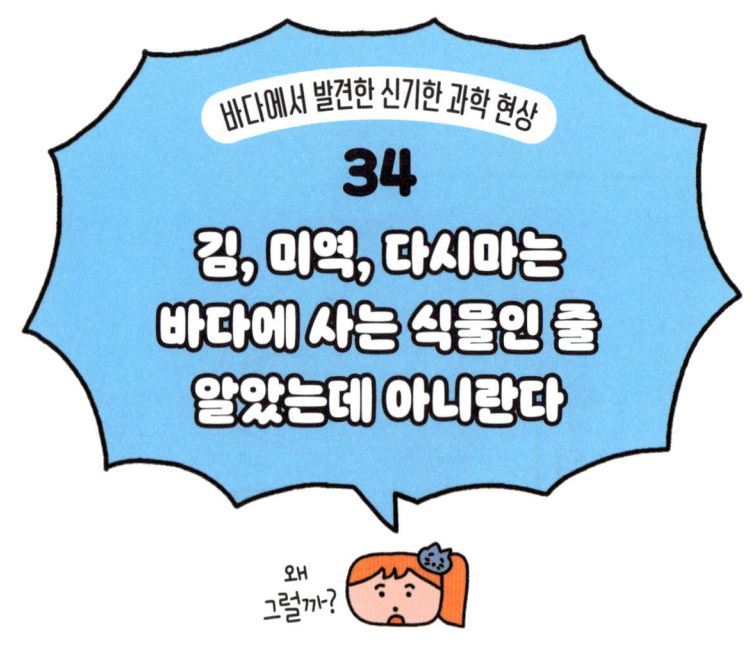

원생생물

김, 미역, 다시마는 식물로 착각할 수 있지만 정확히 말하면 **원생생물**에 속해요. 원생생물은 동물이나 식물, 균계(버섯이나 곰팡이)에 넣기 어려운 생물들을 일컬어요. 김, 미역, 다시마에도 뿌리가 있어요. 하지만 원생생물의 뿌리는 다른 식물의 뿌리와 달리 양분을 흡수하는 역할이 아니라 바닥에 단단히 고정시키는 기능만 해요. 또 이들은 꽃이나 열매 대신 포자로 번식하고, 뿌리-줄기-잎의 구분이 명확하지 않아서 식물에 넣기에는 애매해요.

다위의 발견

김, 미역, 다시마는 원생생물이야. 원생생물은 동물, 식물, 균계에 들어가지 않는 생물들을 통틀어서 이르는 말이라 종류가 굉장히 많대. 물속에 사는 조류와 짚신벌레, 아메바도 속해 있어.

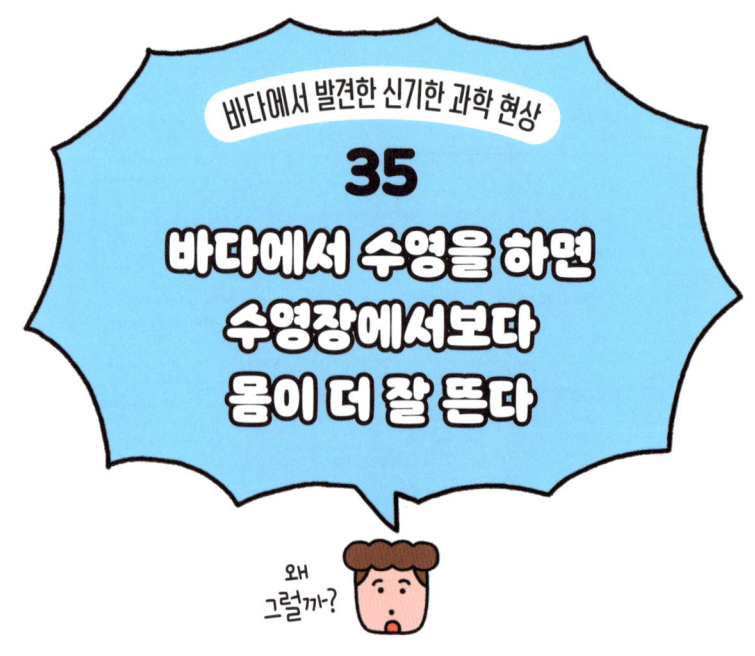

바다에서 발견한 신기한 과학 현상

35
바다에서 수영을 하면 수영장에서보다 몸이 더 잘 뜬다

왜 그럴까?

소금물의 밀도

바닷물은 수영장 물보다 **밀도**가 높아요. 밀도는 일정한 공간 속에 물질이 얼마나 빽빽하게 들어 있는지를 나타내는 말인데, 같은 부피의 물체라면 밀도가 높은 게 더 무거워요. 바닷물에는 소금이 녹아 있으니, 같은 부피의 수영장 물보다 더 무거운 셈이지요. 그런데 밀도가 높은 액체일수록 물체를 뜨게 하는 부력이 더 커요(33장 부력 참고). 따라서 바닷물에서 부력이 더 많이 작용해 수영장 물보다 잘 뜨는 거지요.

 레오의 발견

밀도가 높은 물에서 부력이 더 크게 작용해. 이스라엘에 있는 '사해'라는 호수에는 바닷물보다 훨씬 많은 염분이 들어 있어서 가만히 누워 있어도 몸이 둥둥 뜬대.

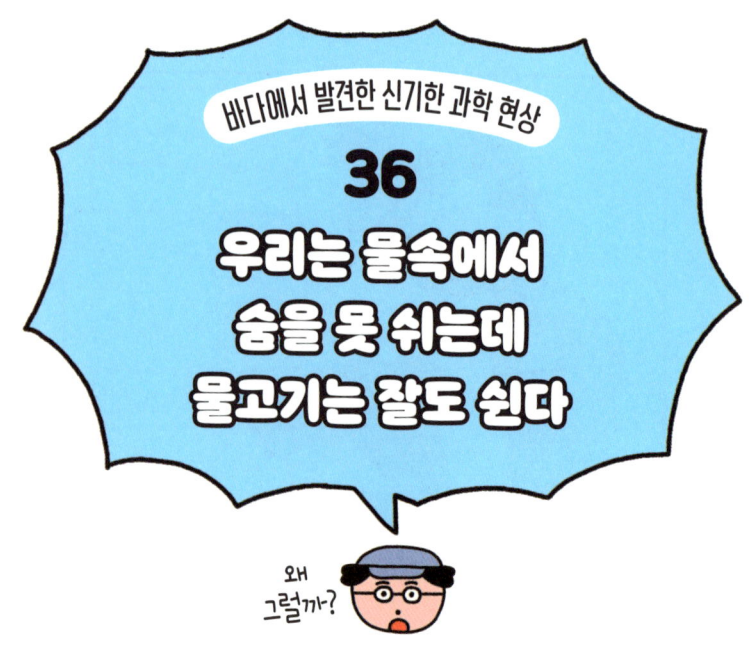

아가미 호흡

모든 생명체는 산소를 마시고 이산화탄소를 내뿜는 **호흡**을 해요. 사람은 폐를 통해 공기 중의 산소를 들이마시는 폐호흡을 해요. 그렇다면 물고기는 산소가 부족한 물속에서 어떻게 숨을 쉴까요? 먼저 물속에 녹아 있는 산소를 얻기 위해 쉬지 않고 주둥이를 벌려 물을 빨아들여요. 그렇게 들어온 물은 아가미를 통과해서 다시 빠져나가는데, 이때 아가미를 둘러싼 수많은 혈관으로 물속의 산소가 들어가는 거예요.

물고기는 아가미를 통해 물속에 녹아 있는 산소를 흡수해. 아가미가 빨간 이유가 작은 혈관이 수없이 많이 뭉쳐 있기 때문이었어.

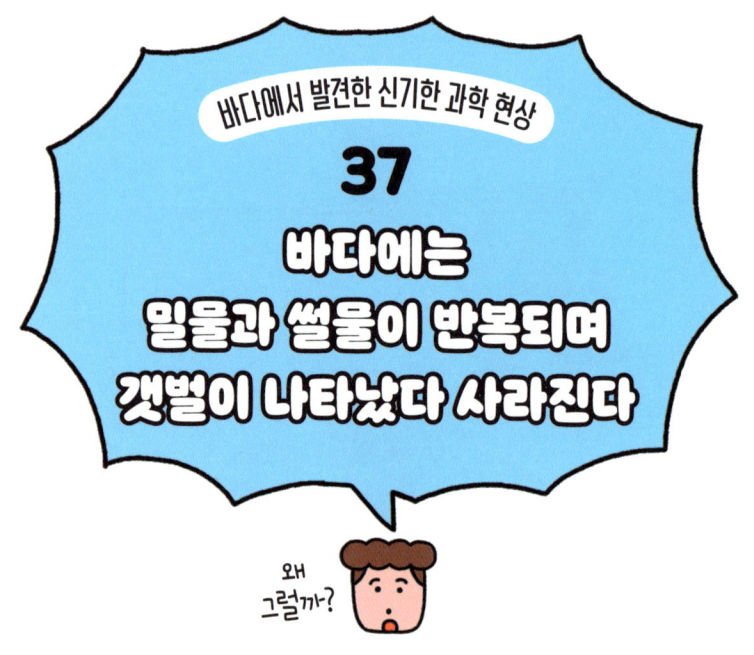

밀물과 썰물

 밀물은 바닷물이 육지로 밀려오는 것이고, **썰물**은 물이 빠져나가는 현상이에요. 밀물과 썰물은 달의 **인력** 때문에 생겨요. 인력은 서로를 끌어당기는 힘이에요. 지구에서 달을 향하는 쪽은 달의 인력으로 바닷물이 밀려 들어와 밀물이 되고, 반대로 달의 인력이 약해지는 곳에서는 바닷물이 빠져나가 썰물이 되는 거지요. 이런 인력은 태양이나 지구, 달처럼 큰 천체에 모두 있답니다.

누가 자꾸 당기니?!

너랑 가까워지고 싶어.

원심력

인력

달

밀물

썰물

밀물

밀물과 썰물은 달의 인력 때문에 일어난대. 지구와 달이 각각 자전과 공전을 해서 밀물과 썰물은 약 12시간 25분 간격으로 하루에 두 번씩 반복돼.

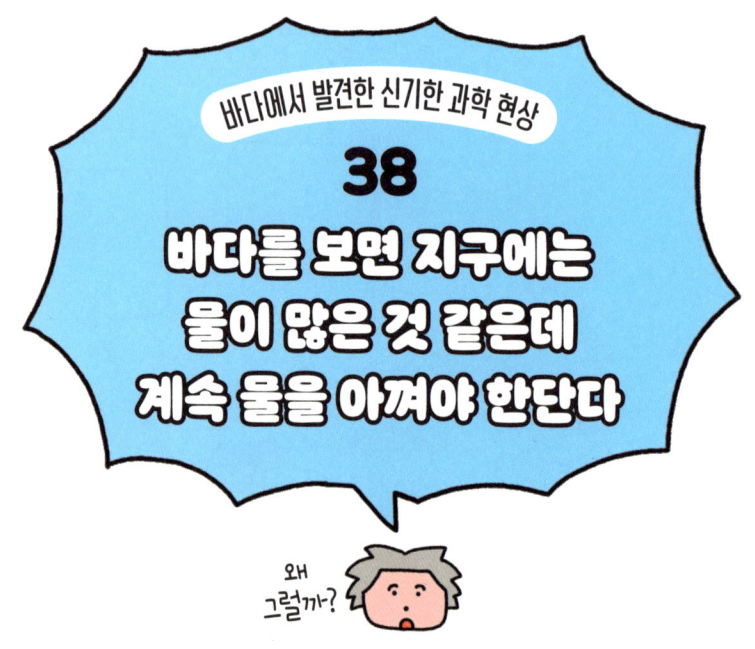

지구상의 물

지구본을 보면 지구는 표면의 약 70퍼센트가 물로 덮여 있어요. 지구 전체 물의 양은 약 14억 세제곱킬로미터라고 해요. 엄청 많은 것 같지만 그중 97.5퍼센트가 바닷물이에요. 나머지 2.5퍼센트도 대부분은 빙하, 만년설, 지하수로 존재하기 때문에 실제 인간이 이용할 수 있는 호수나 하천의 물은 0.4퍼센트 정도밖에 안 돼요. 지구 전체의 물을 한 주전자라고 하면 우리가 사용할 수 있는 물의 양은 한 숟가락 정도나 될까요?

 **아인의 발견**

지구에는 물이 엄청 많은 것 같았는데, 우리가 사용할 수 있는 양은 정말 적구나. 아껴 쓰지 않으면 물이 다 사라질지도 모르겠어.

★보너스 퀴즈★

다음 내용은
맞는 말일까? 틀린 말일까?

Q1
해수욕장에서 수영하다 목이 마를 때는 바닷물을 조금 마시면 된다.

Q1
파도가 잔잔하다면 수영장보다 바다에서 몸이 더 잘 뜬다.

Q1
밀물과 썰물은 지구의 중력 때문에 일어나는 현상이다.

O   X

O   X

O   X

A1
×
바닷물에는 소금이 많이 녹아 있어서 수영장 물보다 더 짜요. 그래서 바닷물을 마시면 몸이 더 목말라져요.

A1
○
바닷물에는 소금이 녹아 있어서 수영장 물보다 더 무거워요. 따라서 그 위에 있는 몸이 더 잘 뜨게 돼요.

A1
×
밀물과 썰물은 달의 중력 때문에 일어나는 현상이에요.

응결 현상

 이른 아침, 풀잎에 맺힌 물방울은 이슬이에요. 이슬은 어디에서 온 걸까요? 우리 눈에 보이지 않지만 공기 중에는 수증기가 있어요. 공기가 차가워지거나 찬 물체의 표면에 수증기가 닿으면 수증기가 물로 변해요. 기체인 수증기가 한데 뭉쳐져 액체인 물로 변하는 현상을 **응결**이라고 해요. 이슬은 밤사이 온도가 내려가 차가워진 나뭇가지나 풀잎 등에 수증기가 응결하여 만들어진 물방울이에요.

이슬은 공기 중의 수증기가 응결하여 맺힌 것이구나. 냉장고에서 꺼낸 차가운 음료수 병 표면에 물방울이 맺히는 것도 응결 현상이야.

부유 식물

개구리밥은 물 위에 둥둥 떠다니는 **부유 식물**이에요. 크기가 1센티미터도 되지 않지만 번식력이 강해서 논이나 연못에서 흔히 볼 수 있어요. 그런데 정말 개구리는 개구리밥을 먹을까요? 사실 개구리는 육식성 동물이라 개구리밥을 먹지 않아요. 개구리가 물 밖으로 나올 때 입가에 개구리밥이 붙어 있는 경우가 많아서 옛날부터 개구리밥이라고 불렸대요. 외국에서는 오리가 개구리밥을 잘 먹어서 '오리풀(duckweed)'라고 부른대요.

개구리가 개구리밥을 먹지 않는다니! 최근에는 개구리밥에 단백질이 많아서 약용이나 식용으로 연구하고 있대. 콩보다 단백질 함량이 높아서 화성에서 재배할 식량 후보로도 꼽힌다고 해.

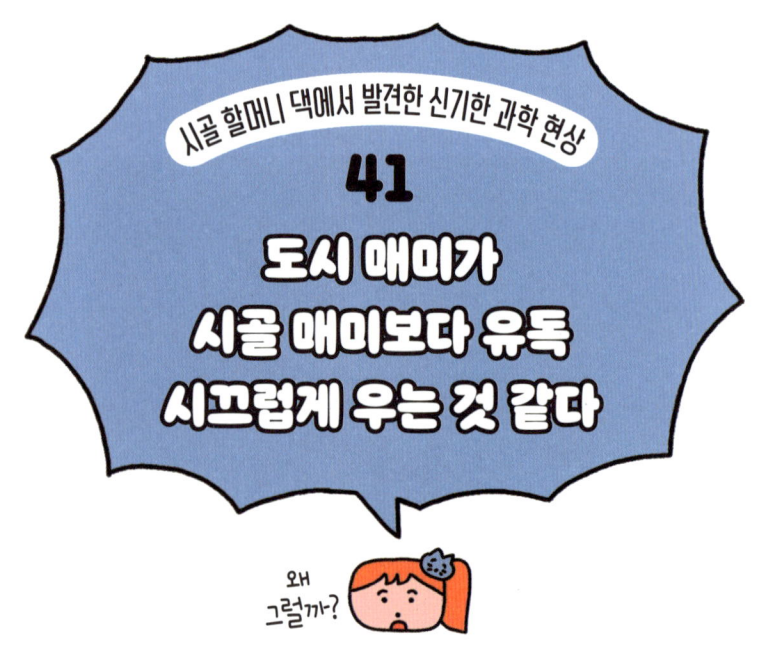

열섬 현상

우리나라에 서식하는 매미는 14종 정도예요. 그중에서 도시에는 유독 말매미가 많이 살아요. 말매미의 울음소리는 기차 소음과 비슷할 정도로 시끄러워요. 말매미가 도시에 몰린 이유는 **열섬 현상** 때문이에요. 열섬 현상은 도시에서 뿜어내는 열기 때문에 도시의 온도가 주변보다 높아지는 현상이에요. 대부분의 매미는 27℃ 이하에서 사는데 말매미는 27℃ 이상의 더위를 좋아해 도시로 몰려드는 거지요.

 **다위의 발견**

열섬 현상으로 도시로 온 말매미 때문에 시끄러운 거였어. 매미는 원래 낮에만 우는 곤충인데, 요즘은 도시의 불빛 때문에 밤에도 운대.

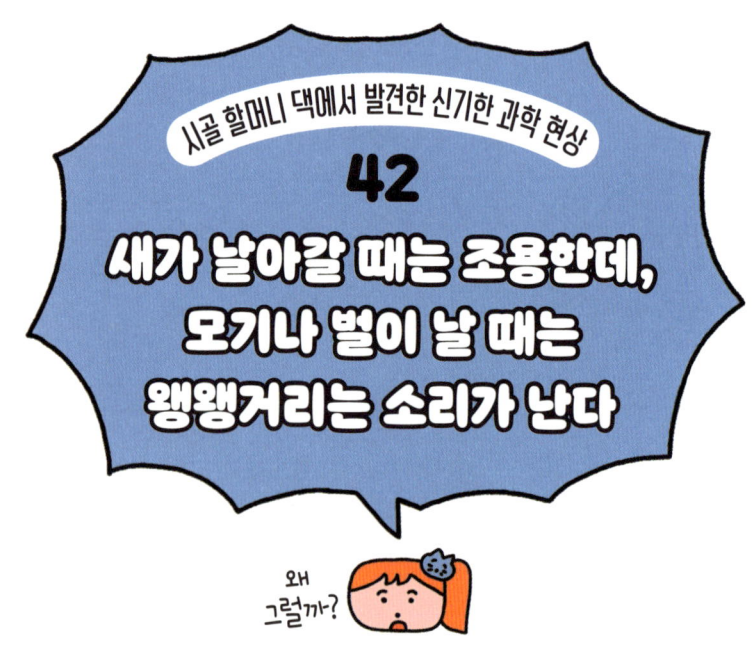

곤충의 비행 원리

새의 날개는 단면이 유선형이에요. 날개 위쪽이 볼록하지요. 볼록한 날개 위쪽 공기의 흐름이 평평한 아래쪽보다 빠르지요. 이때 **양력**이 생겨요(20장 양력 참고). 하지만 곤충처럼 아주 얇은 날개로는 양력을 얻기 어려워요. 대신 곤충은 **플래핑 플라이트**(Flapping Flight)라는 방법을 이용해 날아요. 두 쌍의 날개를 서로 교차하며 재빠르게 파닥거리는 거예요. 그러면 날개 주위에 공기의 소용돌이가 생기면서 떠오르지요.

벌아! 너 정말 힘들게 나는구나. 나처럼 해 봐.

누군 이러고 싶겠니? 힘드니까 말 시키지 마!

위이잉

위이잉

다위의 발견

곤충은 수없이 빠르게 날갯짓을 하며 공기의 소용돌이를 일으켜. 그래서 왱왱 소리가 나는 거야. 보통 벌은 날기 위해 1초에 약 200번 이상 날갯짓을 한대.

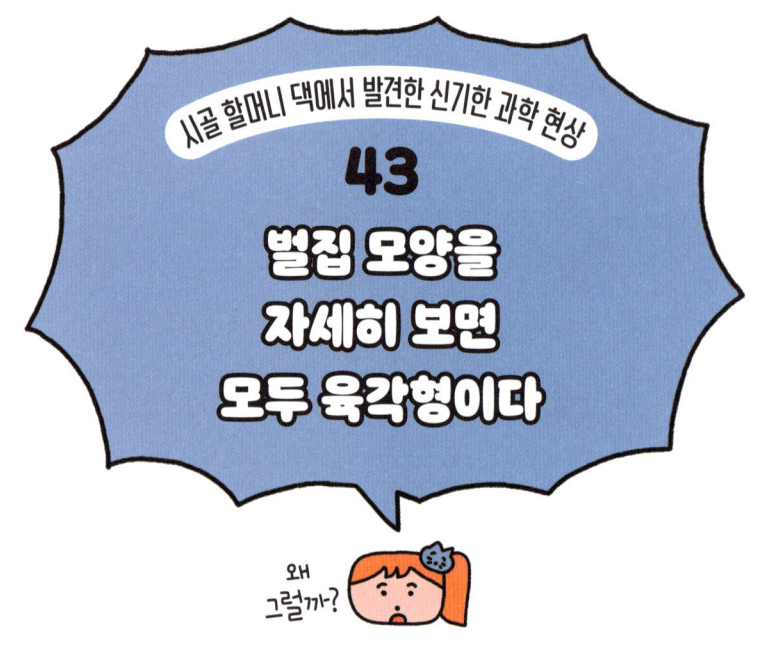

시골 할머니 댁에서 발견한 신기한 과학 현상

43
벌집 모양을 자세히 보면 모두 육각형이다

왜 그럴까?

허니콤 구조

벌집은 꿀을 저장하는 동시에 새끼를 기르며 생활하는 공간이에요. 벌은 벌집을 가장 효율적으로 사용할 수 있는 허니콤 구조(육각형 구조)로 지었어요. 육각형은 모든 면이 붙어 있어서 남는 곳 없이 가장 적은 재료로 가장 넓은 공간을 만들 수 있어요. 삼각형이나 사각형 또는 원 모양으로 집을 만들면 재료도 많이 들고 공간의 효율성도 떨어져요. 반면 육각형 구조는 열을 분산하는 데에도 좋고, 튼튼해서 벌집 무게의 30배나 되는 꿀을 저장할 수도 있어요.

다위의 발견

가장 넓으면서도 튼튼하기 때문에 벌이 육각형으로 집을 짓는 거야. 허니콤 구조는 여러 분야에서 활용된대. 골판지나 고속 열차의 충격 흡수 장치, 층간 소음 완충재 등 아주 많아.

시골 할머니 댁에서 발견한 신기한 과학 현상

44
나무는 한 곳에서 오래 산다. 세상에서 가장 나이가 많은 나무는 무엇일까?

나무의 수명

환경에 따라 다르지만 참나무류는 약 700년, 소나무류는 약 600년 정도 산다고 해요. 정말 오래 살죠? 그렇다면 세상에서 가장 나이가 많은 나무는 무엇일까요? 지금까지 알려진 것으로는 미국 캘리포니아주에 있는 강털소나무류예요. 이 나무는 나이가 무려 4900세 정도이고, 성경에 969세까지 살았다고 나오는 인물의 이름을 따서 '므두셀라'라고 불려요. 하지만 므두셀라의 훼손을 우려해 정확한 위치와 생김새는 지금까지도 비밀이라고 해요.

> 어르신, 인사 올리겠습니다.
> 올해 1400세 된 주목입니다.

> 그래,
> 한창때구나!

 **앙리의 발견**

사람은 100년을 넘기기 어려운데 4900세라니! 우리나라에서 가장 오래된 나무는 강원도 정선 두위봉 주목으로 1400년 정도 되었다고 해. 천연기념물 제433호로 지정되었지.

다음 현상은 무엇과 관련된 것인지 맞혀 보자!

Q1
이른 아침에 이슬이 맺히는 것은 (안개 / <u>응결</u>) 현상 때문이다.

Q2
도시의 매미가 더 시끄러운 것은 (<u>열섬</u> / 열도) 현상과 관련 있다.

A1
응결

공기 중의 수증기가 뭉쳐 액체인 작은 물방울로 응결되기 때문에 이른 아침에 이슬이 맺겨요.

A2
열섬

발열량이 아스팔트의 열기로 주변보다 훨씬 뜨거워진 도시를 '열섬'이라고 하는데, 도시 매미가 시끄러운 건 더 활발하기 때문이에요.

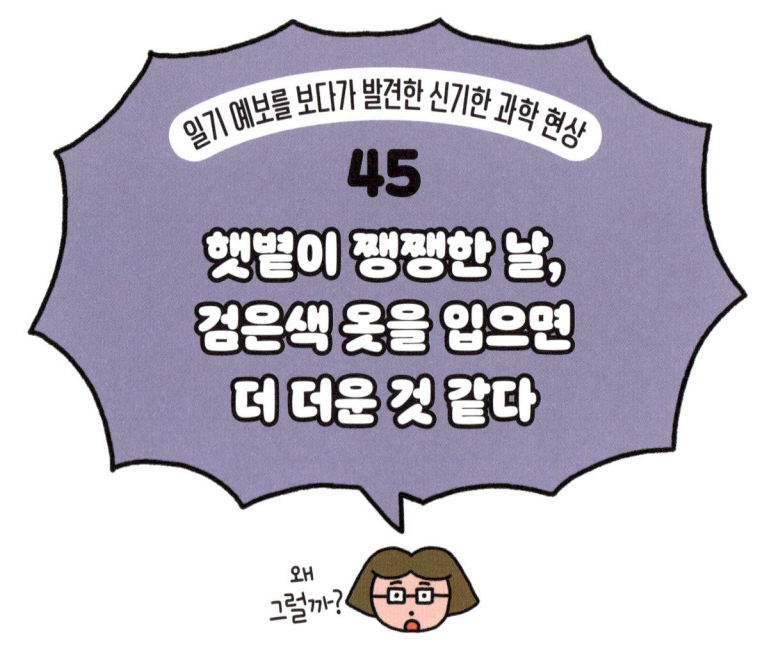

빛의 흡수

 검은색은 모든 색깔의 빛을 흡수해요. 좀 더 정확히 말하면 검은색의 물체는 모든 색깔의 빛을 흡수하기 때문에 우리 눈에 검게 보이는 거랍니다. 검은색이 빛을 흡수할 때 빛이 가진 열에너지도 함께 흡수하기 때문에 검은색 옷을 입으면 더운 거예요. 느낌이 아니라 신기한 과학 현상이지요. 그렇다면 흰색은 어떨까요? 흰색은 반대로 모든 색깔의 빛을 반사해요. 그래서 햇볕이 내리쬐는 여름날에는 흰색 옷이 더 시원하지요.

 마리의 발견

검은색은 빛을 흡수하고, 흰색은 빛을 반사해. 그래서 여름에는 밝은색 옷을 많이 입고, 겨울에는 어두운색 옷을 많이 입는 거였어.

우박이 만들어지는 원리

하늘에서 비처럼 떨어지는 얼음덩어리를 우박이라고 해요. 그런데 우박은 겨울이 아닌 초여름이나 가을에 자주 내려요. 겨울도 아닌데 왜 그러냐고요? 그 이유는 이때가 계절이 변하는 시기라서 그래요. 환절기에는 대기 중의 차가운 공기와 따뜻한 공기가 만날 때가 많아요. 불안정해진 대기가 강력한 상승 기류를 만드는데, 상승 기류를 타고 습한 공기가 갑자기 높이 올라가면 냉각이 되지요. 그렇게 생긴 얼음덩어리가 오르락내리락하며 점점 커지다가 떨어져 우박이 되는 거예요.

 **아인의 발견**

우박은 습한 공기가 강력한 상승 기류를 타고 급상승하면서 생기는 거였어. 우박은 콩알만 한 것부터 야구공보다 큰 것도 있어. 우박이 떨어질 때는 위험하니까 피해야 해.

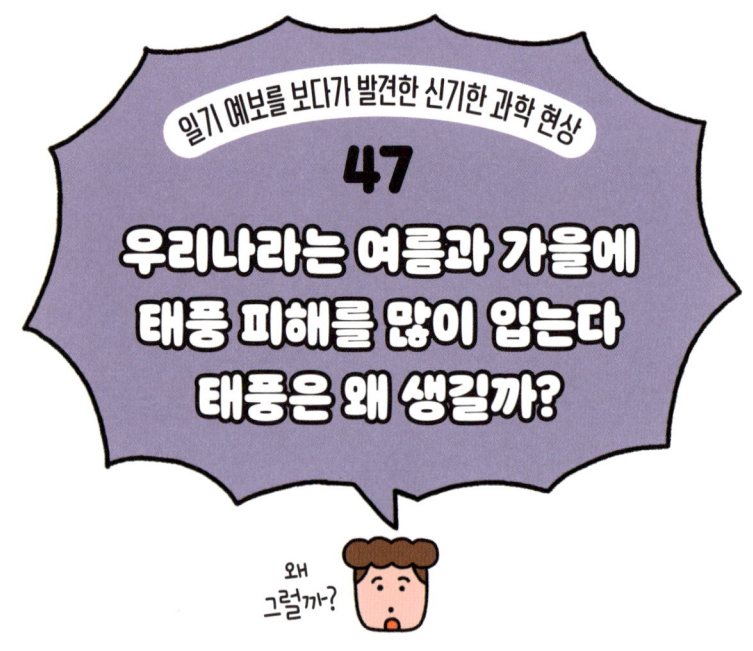

태풍

 적도 부근의 열대 지역은 태양으로부터 열에너지를 듬뿍 받아요. 덕분에 주변의 바닷물이 증발하여 엄청난 수증기를 만들어 내지요. 이런 수증기가 뭉쳐져 저기압의 상승 기류를 타고 하늘 높이 올라가면 찬 공기와 만나 커다란 구름이 돼요. 이런 구름이 모여 소용돌이치면서 커지면 태풍이 되지요. 한번 만들어진 태풍은 따뜻한 바다에서 수증기를 공급받아 힘을 키우며 이동하다가 바다의 수온이 낮아지거나 육지로 올라오면 세력이 약해져 소멸해요.

 **레오의 발견**

태풍은 온도가 27℃ 이상인 열대 지방의 바다에서 생긴다. 태풍은 비바람으로 우리에게 피해를 주기도 하지만, 적도 지역의 넘치는 에너지를 극지방으로 순환시켜 지구 전체에 골고루 에너지를 전달해.

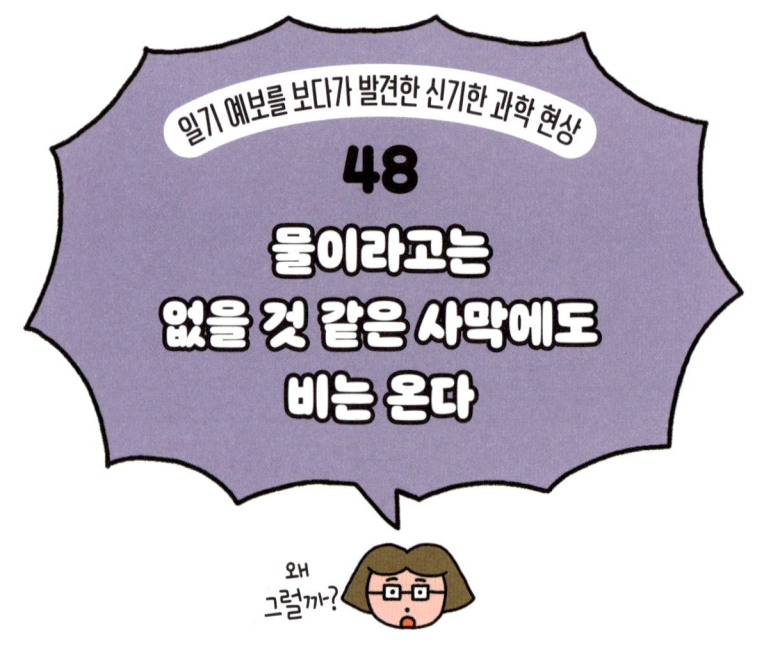

건조 기후

 사막은 건조 기후에 속해요. 연 강수량이 250밀리미터 이하이고, 식물이 살기 어려워 사람의 활동도 제약을 받는 지역이지요. 그렇다고 사막에 비가 전혀 내리지 않는 것은 아니에요. 적게나마 꾸준하게 비가 와요. 다만, 강수량보다 증발량이 더 많아서 굉장히 메마른 땅이 된 것이지요. 연간 강수량을 기준으로 하면 세계에서 가장 넓은 사막은 남극이고, 두 번째는 북극이에요. 남극과 북극을 제외하고 가장 넓은 사막은 아프리카의 사하라 사막이에요.

남극 사막　　　북극 사막

사하라 사막

남극과 북극도 사막이구나. 지구 표면의 약 10퍼센트가 사막이야. 그런데 최근에 기후 변화와 인간의 활동으로 사막이 점점 넓어져서 문제라고 해. 생명이 살 수 없는 땅이 늘어나는 거니까.

일기 예보를 보다가 발견한 신기한 과학 현상

49
눈 오는 날 하얀 가루를 길에 뿌리니 눈이 금방 녹는다

왜 그럴까?

염화 칼슘

눈이 오는 날, 미끄러운 거리에 필요한 것이 바로 **염화 칼슘**이에요. 염화 칼슘은 소금처럼 생긴 흰색 가루인데, 눈 쌓인 길에 뿌리면 눈과 함께 녹으면서 **발열 반응**을 일으켜요. 그래서 주변의 눈을 함께 녹이지요. 또 염화 칼슘을 뿌리면 물의 어는점을 0°C보다 한참 아래로 낮춰서 눈 녹은 물이 다시 어는 것을 방지해요. 사실, 염화 칼슘은 눈이 온 뒤보다 눈이 오기 직전이나 얼기 전에 뿌리는 것이 훨씬 효과적이에요.

눈 오는 날 뿌리는 하얀 가루는 염화 칼슘이었어. 그런데 염화 칼슘은 철 성분을 부식시키거나 도로 주변의 나무를 죽게 하는 등 환경 오염 문제가 있어서 주의해서 사용해야 해.

산성비

최근 대기 오염으로 빗방울 속에 오염 물질이 섞여 내려와 빗물의 산성도가 높아졌어요. **수소 이온 농도**를 뜻하는 **pH 지수**로 5.6 미만일 때를 **산성비**라고 하는데, 우리나라의 빗물 산성도는 pH 4.9 정도로 심한 편이에요. 산성비가 내리면 토양의 질이 나빠지고 강이나 호수가 산성화되어 동식물에 나쁜 영향을 줘요. 흔히 사람이 산성비를 맞으면 대머리가 된다고 하는데 이것은 과학적으로 증명된 사실은 아니에요. 하지만 산성비를 맞으면 피부병이 생길 수 있으므로 깨끗이 씻어야 해요.

 다위의 발견

대기 중의 오염 물질이 빗물에 녹아서 산성비가 되는 거였어. 산성비는 대리석을 부식시키기 때문에 석탑이나 석상 같은 문화재가 훼손되기도 한대.

★보너스 퀴즈★

다음 내용은 맞는 말일까? 틀린 말일까?

Q1

검은색은 빛을 반사하기 때문에 여름에 검은 옷을 많이 입는다.

◯   ✕

Q2

지구상에서 사막 지대는 점점 줄어들고 있다.

◯   ✕

A1 ✕

검은색은 오히려 빛을 흡수해요. 붉고 검은 색은 빛의 에너지를 잘 흡수해서 빛에 쬐면 온도가 더 많이 올라갑니다.

A2 ✕

최근에도 가뭄 때문이나 인간의 활동으로 지구의 사막화는 사막 지대가 점점 넓어지고 있어요.

9장

영화나 공연을 보다가 발견한 신기한 과학 현상

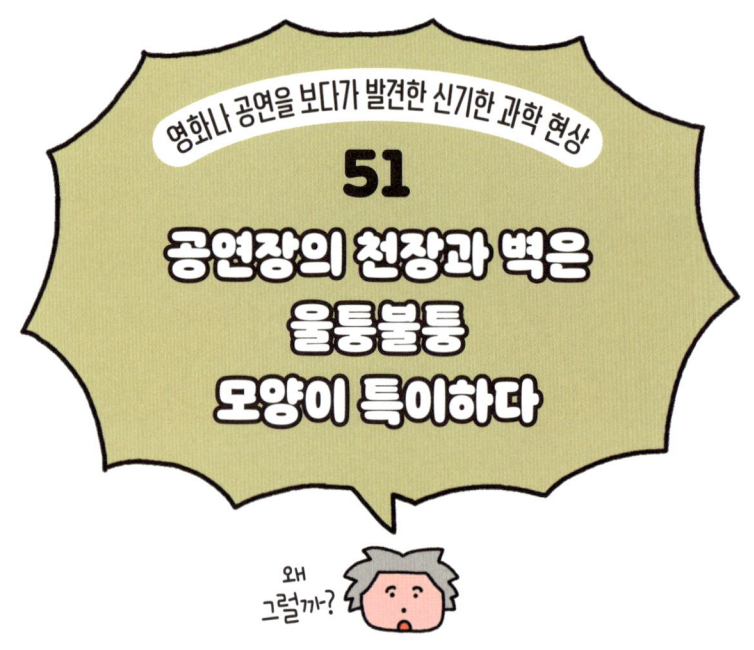

소리의 반사

공연장에서는 공기를 통해 소리가 전달돼요. 소리는 나아가다가 단단한 물체를 만나면 반사되기도 하고, 부드러운 물체를 만나면 흡수되기도 해요. 넓은 공연장에서 소리가 반사되지 않으면 울림이 없고, 반사가 너무 많이 일어나도 여러 소리의 잔향이 남아 제대로 들을 수 없어요. 그래서 공연장의 벽이나 천장에는 모든 객석에서 소리를 제대로 들을 수 있도록 음향 반사판이 설치되어 있답니다.

여기서 코를 골면 어떡해?

이 공연장은 음향 반사판 설계가 잘 되어 있어서 사람의 마음을 편안하게 해 주나 봐.

음향 반사판은 소리가 다른 공간으로 빠져나가는 것을 막고, 소리를 모아 조화롭게 들리게 해 줘. 뮤지컬, 오페라, 콘서트 같은 공연의 종류에 따라 음향 반사판 설계 방법이 다르다고 해.

거미줄의 강도

거미줄은 엄청나게 가늘고 약해 보이는데 영화 속의 스파이더맨은 어떻게 거미줄을 타고 하늘을 날아다닐까요? 사실 영화 속 만큼은 아니지만, 실제로도 거미줄은 굉장히 강한 구조로 만들어졌어요. 일반적으로 거미줄의 강도는 같은 질량의 강철보다 5배나 강하다고 해요. 또 거미줄은 강하기도 하지만 탄력성도 좋아서 크게 늘어나도 잘 끊어지지 않고 원래 모양으로 돌아와요. 게다가 끈적끈적한 접착성도 있어서 벌레가 거미줄에 걸리면 도망가기 어려워요.

앙리의 발견

거미줄의 강도가 같은 질량의 강철보다 5배나 강하다니 대단한데. 거미줄의 이런 특성은 첨단 의류, 신소재, 의학 용품 등에도 활용되고 있어.

빛의 직진

 빛은 구불구불하거나 꺾이는 일 없이 언제나 곧게 나아가려는 성질이 있어요. 공기 중에서 빛이 곧게 나아가다가 물체를 만나면 빛이 통과하지 못해서 물체 뒤에 어두운 부분이 생기죠. 바로 그림자예요. 그렇다면 귀신은 왜 그림자가 없을까요? 귀신이 정말 있는지는 몰라도 귀신은 육체 없이 영혼만 남아 있는 존재예요. 그림자가 생기려면 빛이 부딪칠 물체가 있어야 하는데, 육체가 없으니 그림자가 생기지 않겠죠?

 레오의 발견

빛의 직진하는 성질 때문에 그림자가 생기는구나. 낮에 갑자기 어두워지는 일식은 달이 태양과 지구 사이에 들어가 달 그림자가 태양을 가려서 나타나는 현상이야.

화성

한때 사람들은 화성에 물이 흐른 증거를 찾아 생명체가 살 수 있는지 확률을 따져 보았지만, 화성의 환경은 생명이 살기에 적합하지 않아요. 화성의 대기 대부분이 이산화탄소이고, 평균 표면 온도는 영하 63℃예요. 물론 풍부한 물도 없어요. 한마디로 현재 화성은 인간이 살아갈 수 없는 땅이에요. 미국의 우주 탐사 회사인 '스페이스 X'는 2050년까지 화성에 인구 100만 명의 도시를 완성하겠다고 했는데, 정말 될지는 두고 봐야 알겠죠.

 **아인의 발견**

아직 인간이 화성에서 살기는 어렵구나. 하지만 최근에는 화성의 표면을 직접 탐사하는 로봇을 보내 활발히 연구 중이니까 언젠가는 화성에 정말 도시가 생길지도 몰라.

가장 높은 화산

지구에서 가장 높은 화산은 칠레와 아르헨티나의 국경에 있는 오호스 델 살라도산이에요. 높이가 6893미터인 이 산은 약 1300년 전에 마지막 화산 활동을 했지만 여전히 살아 있는 화산이에요. 이밖에도 지구에는 6000미터 넘는 화산들이 꽤 있어요. 그런데 사실, 세상에서 가장 큰 화산은 지구 밖에 있어요. 바로 화성에 있는 **올림푸스산**이에요. 올림푸스산은 높이가 약 27킬로미터로, 에베레스트산보다 3배나 높아요. 산의 지름도 2500킬로미터나 되지요.

지구에서 가장 높은 화산은 오호스 델 살라도산이고, 태양계에서 가장 높은 화산은 올림푸스산이구나. 우리나라에서 가장 높은 화산은 백두산(2744미터)이고, 그다음은 한라산(1947미터)이야.

★보너스 퀴즈★

다음 내용은
맞는 말일까? 틀린 말일까?

Q1
화성은 사람이 살기에 적당한 온도를 유지하고 있다.

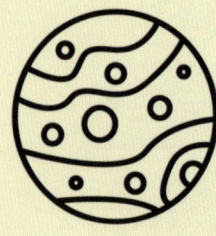

◯   ✕

Q2
지구에서 가장 높은 산은 올림푸스산이다.

◯   ✕

A1
✕
화성은 대기의 대부분이 이산화탄소이고, 평균 표면 온도가 영하 63℃라 사람이 살기에 적당하지 않아요.

A2
✕
올림푸스산은 태양계에서 가장 높은 화산이에요. 하지만 지구에 있는 산이 아닌, 화성에 있는 산이에요.

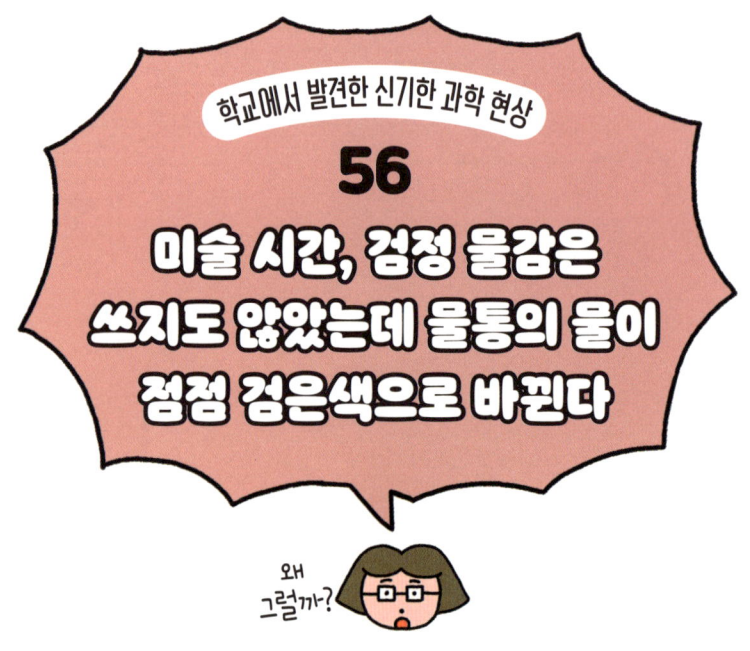

물감의 감산 혼합

빨강, 노랑, 파랑을 **색의 3원색**이라고 해요. 모든 색의 기본이 되는 색이에요. 이 세 가지 물감을 적절히 섞으면 모든 색깔을 만들 수 있어요. 그런데 3원색은 서로 섞이면 섞일수록 어두워지고 탁해져요. 모두 섞으면 검정에 가까운 어두운 색이 된답니다. 이처럼 색을 혼합할수록 색이 어두워지는 것을 **감산 혼합**이라고 해요. 빛의 3원색도 있어요. 빨강, 초록, 파랑이지요. 빛은 섞을수록 밝아지는데, 이를 **가산 혼합**이라고 해요.

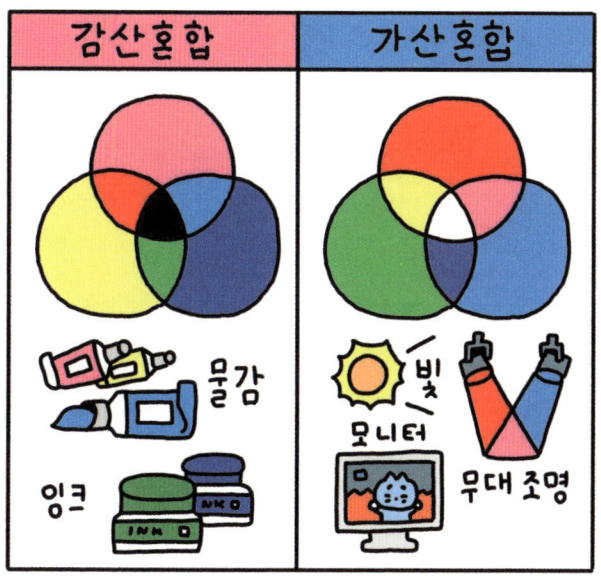

빛의 3원색인 빨강, 초록, 파랑은 섞을수록 밝아져. 세 가지 빛을 모두 섞으면 밝은 흰색이 되지. 텔레비전이나 무대 조명도 가산혼합을 이용해 색을 만들어.

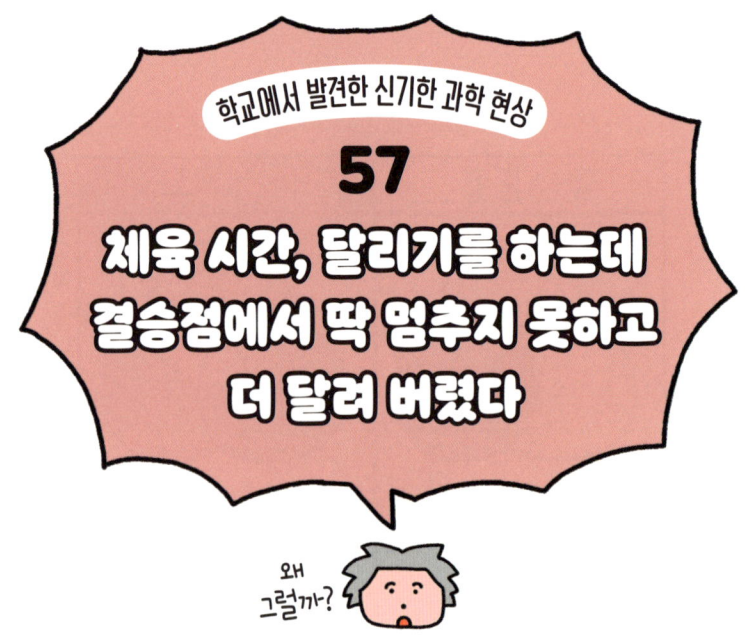

관성의 법칙

 물체가 원래의 운동 상태를 유지하려는 성질을 **관성**이라고 해요. 쉽게 말해서 멈춰 있는 물체는 계속 멈춰 있으려 하고, 움직이는 물체는 계속 움직이려는 성질이에요. 힘껏 달리기를 하다가 결승선에 딱 멈추기는 정말 어려워요. 왜냐하면 힘껏 달릴 때의 힘이 계속 이어지려는 관성 때문이지요. 관성은 일상 곳곳에서 작용해요. 달리던 버스가 갑자기 멈추면 타고 있던 사람의 몸이 앞으로 쏠리는 것도 관성에 의한 현상이에요.

멈추지 말고 끝까지 달려!

결승선에 딱 멈추고 싶은데….

 **아인의 발견**

달리기를 하다 갑자기 멈추지 못하는 것은 관성의 법칙 때문이었구나. 물이 담긴 통을 옮길 때 물이 출렁이는 것도, 두루마리 화장지를 재빨리 당기면 끊어지는 것도 모두 관성이 작용해 일어나는 현상이야.

소화기의 종류

 학교에 가면 교실이나 복도에 반드시 소화기가 있어요. 그런데 소화기에도 종류가 있다는 사실 아나요? 가장 흔히 사용하는 소화기는 분말 소화기예요. 분말이 나와 불을 끄는 방식으로 전기 화재, 기름 화재, 화학 약품 화재 등에 효과가 있어요. 거품(포말) 소화기는 거품으로 산소를 차단해 불을 끄는 방식으로, 전기 화재에는 사용하지 못해요. 이산화탄소 소화기는 이산화탄소가 발사되어 불을 끄는 방식인데 전기 화재나 기름 화재에 적합해요.

분말 소화기	폼(포말) 소화기	이산화탄소
분말로 불을 끈다.	거품으로 덮어 산소를 차단한다.	이산화탄소를 분사해 불을 끈다.
전기화재, 기름 화재, 화학 약품 화재 등 대부분의 화재에 사용한다.	전기 화재를 제외한 화재에 사용할 수 있다.	전기 화재와 기름 화재에 적당하다.

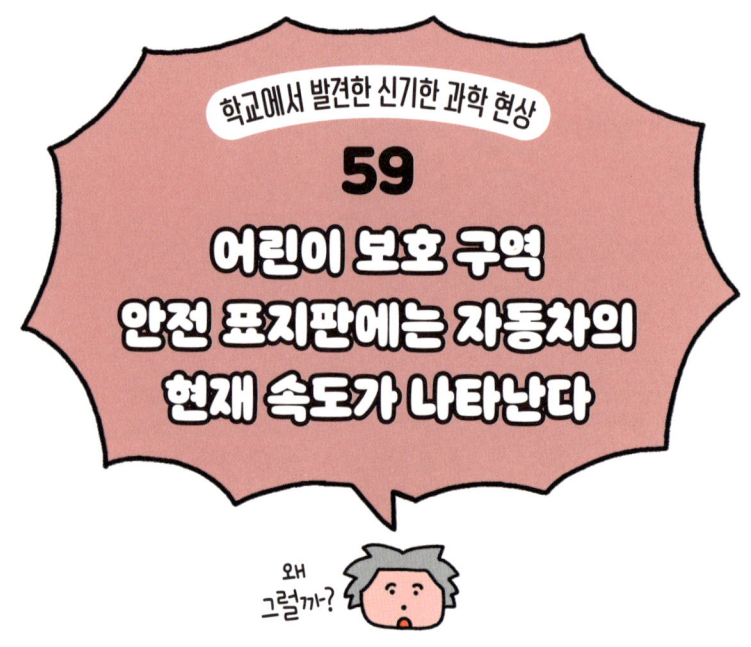

속도 측정의 원리

어린이 보호 구역에서 현재 지나가는 자동차의 속도가 표시되는 교통 안전 표지판을 본 적 있나요? 그런데 표지판이 어떻게 지나가는 자동차의 속도를 측정할까요? **레이더파**라고 하는 전파 때문이에요. 표지판에 부착된 장치에서 달려오는 차량을 향해 레이더파를 쏘면 자동차에 반사되어 돌아와요. 발사한 레이더파와 반사되어 돌아오는 레이더파의 진동수를 비교하면 자동차의 현재 속도를 측정할 수 있어요.

 **아인의 발견**

전파를 이용해서 움직이는 물체의 속도를 측정할 수 있어. 경찰관이 들고 있는 이동식 과속 단속 카메라, 야구장에서 공의 빠르기를 측정하는 스피드 건도 같은 원리로 속도를 측정해.

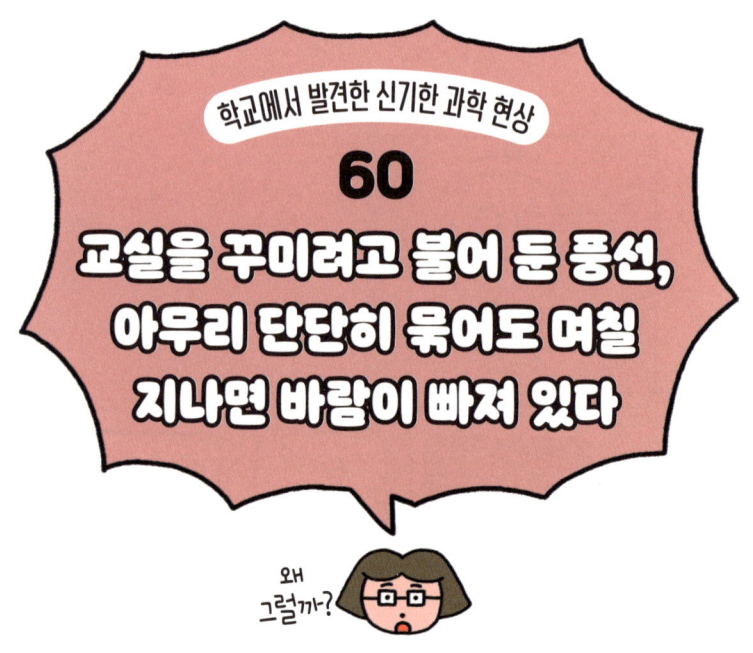

공기의 입자

풍선을 불어서 묶어 놓아도 며칠 지나면 바람이 빠져 축 늘어져요. 그 이유는 공기는 우리 눈에 보이지 않는 아주 작은 입자로 이루어져 있기 때문이에요. 풍선 역시 작은 입자들로 이루어져 있어요. 그런데 풍선을 이루는 입자가 풍선 속 기체 입자보다 커서, 시간이 갈수록 풍선 사이사이로 기체 입자들이 빠져나가는 거예요. 아무리 단단히 묶어도 풍선의 바람은 빠질 수밖에요.

히히. 아무리 단단히 묶어 봐라. 그래도 나는 이렇게 빠져나올 수 있지.

 **마리의 발견**

풍선의 바람이 저절로 빠지는 이유는 공기가 아주 작은 입자로 되어 있기 때문이구나. 돌담 사이의 틈으로 바람이 새어 나가는 것처럼 풍선 속의 공기도 빠져나가는 거였어.

하품이 나는 이유

 하품은 무의식적으로 일어나는 호흡 현상이에요. 하품을 하는 정확한 원인은 밝혀지지 않았지만, 하품이 나오는 상황은 대개 졸리거나 따분하거나, 우리의 주의력이 떨어졌을 때예요. 이럴 때 하품을 하면 뇌에 산소를 공급하여 정신을 맑게 해 주고 각성시키기도 하며, 긴장을 풀어 주거나 우리 몸에 휴식을 권하기도 해요. 하지만 하품을 지나치게 자주 하는 사람은 건강 이상의 신호일 수 있으니 주의해야 해요.

 앙리의 발견

하품은 우리의 주의력이 떨어졌을 때 무의식적으로 일어나는 호흡이구나. 흔히 하품도 전염된다고 하는데, 우리의 뇌가 옆 사람의 하품에 공감하여 감정을 전달하기 때문이래.

빛의 산란 현상

　가을 하늘이 유독 더 높게 보이는 이유는 공기 중 습도, 온도와 관련이 있어요. 여름철 공기에는 수증기가 많아 빛의 산란을 방해해서 하늘이 뿌옇게 보이지요. 반면에 가을에는 공기 중 습도와 온도가 낮아져 빛의 산란을 방해하는 수증기가 줄어들어요. 그래서 더 높은 하늘에서 산란한 짙은 푸른색이 우리 눈에까지 잘 보이는 거예요(21장 '빛의 산란' 참고).

가을에는 공기 중의 습도, 온도가 낮아져 하늘이 더 높고 푸르게 보였구나. 비가 온 다음 날 하늘이 유난히 푸른 것도 공기 중의 수증기나 먼지 입자가 줄었기 때문이겠네.

다음 현상은 무엇과 관련된 것인지 맞혀 보자!

Q1
달리기를 하다가 결승점에 딱 멈추지 못하고 더 달렸다.

❶ 파장　❷ 관성
❸ 산란　❹ 전파

Q2
풍선을 불어서 단단히 묶어 놓아도 며칠이 지나면 바람이 빠져 있다.

❶ 풍선의 모양　❷ 공기의 무게
❸ 공기의 입자　❹ 풍선의 색깔

A1
❷ 관성

물체가 운동 상태를 계속 유지하려고 하고, 움직이지 않는 물체는 계속 움직이지 않으려는 성질을 관성이에요.

A2
❸ 공기의 입자

공기는 매우 작은 입자로 이루어져 있어서, 풍선 바깥쪽보다 공기 입자가 빽빽하게 있는 미세한 틈이 있어서 바람이 빠지는 거예요.

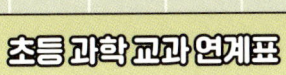

초등 과학 교과 연계표

책 차례	학년별	성취 기준
1장 맛있는 것을 먹다가 발견한 신기한 과학 현상	3~4학년군	물의 상태 변화 / 식물의 생활 / 여러 가지 기체
	5~6학년군	열과 우리 생활 / 용해와 용액 / 식물의 구조와 기능
2장 집에서 놀다가 발견한 신기한 과학 현상	3~4학년군	물체와 물질
	5~6학년군	전기의 이용 / 자원과 에너지 / 계절의 변화
3장 병원에 갔다가 발견한 신기한 과학 현상	5~6학년군	우리 몸의 구조와 기능 / 빛의 성질 / 용해와 용액
4장 하늘을 바라보다가 발견한 신기한 과학 현상	3~4학년군	밤하늘 관찰
	5~6학년군	빛의 성질 / 물체의 운동 / 지구의 운동
5장 캠핑을 가서 발견한 신기한 과학 현상	3~4학년군	물의 상태 변화 / 동물의 생활 / 생물과 환경
	5~6학년군	열과 우리 생활 / 물질의 연소
6장 바다에서 발견한 신기한 과학 현상	3~4학년군	물체와 물질 / 힘과 우리 생활 / 다양한 생물과 우리 생활 / 동물의 생활 / 지구와 바다 / 생물과 환경
	5~6학년군	용해와 용액
7장 시골 할머니 댁에서 발견한 신기한 과학 현상	3~4학년군	생물과 환경 / 생물의 한살이 / 동물의 생활 / 식물의 생활
	5~6학년군	날씨와 우리 생활
8장 일기 예보를 보다가 발견한 신기한 과학 현상	3~4학년군	기후 변화와 우리 생활
	5~6학년군	날씨와 우리 생활 / 빛의 성질 / 산과 염기
9장 영화나 공연을 보다가 발견한 신기한 과학 현상	3~4학년군	소리의 성질 / 다양한 생물과 우리 생활 / 땅의 변화 / 밤하늘 관찰
	5~6학년군	빛의 성질
10장 하늘을 바라보다가 발견한 신기한 과학 현상	3~4학년군	여러 가지 기체
	5~6학년군	물체의 운동 / 물질의 연소 / 빛의 성질 / 우리 몸의 구조와 기능 / 날씨와 우리 생활

아이들은 잘 모르고 어른들은 헷갈리는
신기한 과학 사전

1판 1쇄 인쇄 | 2024. 5. 10.
1판 1쇄 발행 | 2024. 5. 20.

김대조 글 | 나인완 그림

발행처 김영사 | **발행인** 박강휘
편집 김인애 | **디자인** 홍윤정 | **마케팅** 이철주 | **홍보** 조은우
등록번호 제 406-2003-036호 | **등록일자** 1979. 5. 17.
주소 경기도 파주시 문발로 197(우10881)
전화 마케팅부 031-955-3100 | 편집부 031-955-3113~20 | 팩스 031-955-3111

© 2024 김대조, 나인완
이 책의 저작권은 저자에게 있습니다.
저자와 출판사의 허락 없이 내용의 일부를 인용하거나 발췌하는 것을 금합니다.

값은 표지에 있습니다.
ISBN 978-89-349-2630-6 73400

좋은 독자가 좋은 책을 만듭니다. 김영사는 독자 여러분의 의견에 항상 귀 기울이고 있습니다.
전자우편 book@gimmyoung.com | 홈페이지 www.gimmyoungjr.com

| **어린이제품 안전특별법에 의한 표시사항** | **제품명** 도서 **제조년월일** 2024년 5월 20일
제조사명 김영사 **주소** 10881 경기도 파주시 문발로 197 **전화번호** 031-955-3100 **제조국명** 대한민국
사용 연령 10세 이상 ⚠**주의** 책 모서리에 찍히거나 책장에 베이지 않게 조심하세요.